杭州全书编辑委员会

总主编： 王国平

编　委： (以姓氏笔画为序)

王国平　总主编

抱一分殊：
杭州公共文化的协奏

罗　群　陈一平　著

ZHEJIANG UNIVERSITY PRESS
浙江大学出版社

杭州全书总序

　　城市是有生命的。每座城市，都有自己的成长史，有自己的个性和记忆。人类历史上，出现过不计其数的城市，大大小小，各具姿态。其中许多名城极一时之辉煌，但随着世易时移，渐入衰微，不复当年雄姿；有的甚至早已结束生命，只留下一片废墟供人凭吊。但有些名城，长盛不衰，有如千年古树，在古老的根系与树干上，生长的是一轮又一轮茂盛的枝叶和花果，绽放着恒久的美丽。杭州，无疑就是这样一座保持着恒久美丽的文化名城。

　　这是一座古老而常新的城市。杭州有 8000 年文明史、5000 年建城史。在几千年历史长河中，杭州文化始终延绵不绝，光芒四射。8000 年前，跨湖桥人凭着一叶小木舟、一双勤劳手，创造了辉煌的"跨湖桥文化"，浙江文明史因此上推了 1000 年；5000 年前，良渚人在"美丽洲"繁衍生息，耕耘治玉，修建了"中华第一城"，创造了灿烂的"良渚文化"，被誉为"东方文明的曙光"。而隋开皇年间置杭州、依凤凰山建造州城，为杭州的繁荣奠定了基础。此后，从唐代"灯火家家市，笙歌处处楼"的东南名郡，吴越国时期"富庶盛于东南"的国都，北宋时即被誉为"上有天堂，下有苏杭"的"东南第一州"，南宋时全国的政治、经济、科教、文化中心，元代马可·波罗眼中的"世界上最美丽华贵之天城"，明代产品"备极精工"的全国纺织业中心，清代接待康熙、乾隆几度"南巡"的旅游胜地、人文渊薮，民国时期文化名人的集中诞生地，直到新中国成立后的湖山新貌，尤其是近年来为世人称羡不已的"最具幸福感城市"——杭州，不管在哪个历史阶段，都让世人感受到她的分量和魅力。

这是一座勾留人心的风景之城。"淡妆浓抹总相宜"的"西湖天下景"，"壮观天下无"的钱江潮，"至今千里赖通波"的京杭大运河（杭州段），蕴涵着"梵、隐、俗、闲、野"的西溪烟水，三秋桂子，十里荷花，杭州的一山一水、一草一木，都美不胜收，令人惊艳。今天的杭州，西湖成功申遗，中国最佳旅游城市、东方休闲之都、国际花园城市等一顶顶"桂冠"相继获得，杭州正成为世人向往之"人间天堂"、"品质之城"。

这是一座积淀深厚的人文之城。8000年来，杭州"代有才人出"，文化名人灿若繁星，让每一段杭州历史都不缺少光华，而且辉映了整个华夏文明的星空；星罗棋布的文物古迹，为杭州文化添彩，也为中华文明增重。今天的杭州，文化春风扑面而来，经济"硬实力"与文化"软实力"相得益彰，文化事业与文化产业齐头并进，传统文化与现代文明完美融合，杭州不仅是"投资者的天堂"，更是"文化人的天堂"。

杭州，有太多的故事值得叙说，有太多的人物值得追忆，有太多的思考需要沉淀，有太多的梦想需要延续。面对这样一座历久弥新的城市，我们有传承文化基因、保护文化遗产、弘扬人文精神、探索发展路径的责任。今天，我们组织开展杭州学研究，其目的和意义也在于此。

杭州学是研究、发掘、整理和保护杭州传统文化和本土特色文化的综合性学科，包括西湖学、西溪学、运河（河道）学、钱塘江学、良渚学、湘湖（白马湖）学等重点分支学科。开展杭州学研究必须坚持"八个结合"：一是坚持规划、建设、管理、经营、研究相结合，研究先行；二是坚持理事会、研究院、研究会、博物馆、出版社、全书、专业相结合，形成"1＋6"的研究框架；三是坚持城市学、杭州学、西湖学、西溪学、运河（河道）学、钱塘江学、良渚学、湘湖（白马湖）学相结合，形成"1＋1＋6"的研究格局；四是坚持全书、丛书、文献集成、研究报告、通史、辞典相结合，形成"1＋5"的研究体系；五是坚持党政、企业、专家、媒体、市民相结合，形成"五位一体"的研究主体；六是坚持打好杭州牌、浙江牌、中华牌、国际牌相结合，形成"四牌共打"的运作方式；七是坚持权威性、学术性、普及性相结合，形成"专家叫好、百姓叫座"的研究效果；八是坚持有章办事、有人办事、有钱办事、有房办事相结合，形成良好的研究保障体系。

《杭州全书》是杭州学研究成果的载体，包括丛书、文献集成、研究报告、通史、辞典五大组成部分，定位各有侧重：丛书定位为通俗读物，突出"俗"字，做到有特色、有卖点、有市场；文献集成定位为史料集，突出"全"字，做到应收尽收；研究报告定位为论文集，突出"专"字，围绕重大工程实施、通史编纂、世界遗产申报等收集相关论文；通史定位为史书，突出"信"字，体现系统性、学术性、规律性、权威性；辞典定位为工具书，突出"简"字，做到简明扼要、准确权威、便于查询。我们希望通过编纂出版《杭州全书》，全方位、多角度地展示杭州的前世今生，发挥其"存史、释义、资政、育人"作用；希望人们能从《杭州全书》中各取所需，追寻、印证、借鉴、取资，让杭州不仅拥有辉煌的过去、璀璨的今天，还将拥有更加美好的明天！

是为序。

王国平

2012 年 10 月

和谐与创造：
杭州城乡一体化的文化研究
丛书序

　　经过改革开放三十余年的发展，杭州取得了引人瞩目的成就，一个精致和谐、大气开放，追求生活品质的城市形象已经基本确立。但是，勿庸讳言，除了杭州城区以外，由于杭州还下辖余杭、萧山、富阳、桐庐、建德、淳安、临安等区县市，虽然其中心城市也都取得了长足的建设成就，但是在乡村、在城乡结合部，乃至在城市本身，仍然存在着发展中的不平衡、差距，有些还是严重的。杭州的城市化仍然任重道远，城乡一体化仍然是当今与未来杭州发展的一个极其重要的路径，它不仅是推动杭州经济社会文化共同进步的基本道路，而且也是在更高的层面上建构杭州文明的基本手段。

　　所谓在更高的层面上建构杭州文明，其根本的目标正如百余年前韦伯所言："当我们超越我们自己这一代人的墓地而思考时，激动我们的问题并不是未来的人类如何丰衣足食，而是他们将成为什么样的人。"（韦伯《民族国家与经济政策》，收入《韦伯政治著作选》，东方出版社，2009年，第12页）城市化作为现代社会的基本形态，为现代性的型塑，无论是经济、政治，还是社会、文化，以及生态，都提供了不容置疑的强有力支撑，但是，同样毋须赘言的是，城市化所带来的城市病，诸如贫富人群的区域化、人的疏离感与无助感等等，以及伴随着城市化的新农村建设，都是必须直面的挑战。

　　本丛书以杭州城乡一体化的发展为研究对象，从文化的特殊视角来观察、分析在杭州城乡一体化的过程中哪些内容将构成城乡一体化的有机要素,以及这些要素将如何发挥它们的功能,以期帮助处于历史过程中的人们能够从自发的层面进入自觉的层面,从而真正成为杭州城乡一体化这一历史进程中的文化创造的主体。同时,杭州的城市建设处于中国的最前沿,本课题的研究虽然完全是一个基于杭州的个案性地方研究,但对于处在城市化进程中、力求实现城乡一体化的整个中国,至少是对于东南沿海地区,我们希望能提供一定的普遍意义。

从杭州是一个城乡类型众多、族群复杂的大中型城市的现实出发,我们的研究主要采用基于文化结构与功能理论,以及其它文化理论的研究方法,通过个案分析与整体研究相结合,实地调查与文献解释相印证,从五个维度的具体研究内容实现整个课题所设定的研究目标:

1. 城乡互动的维度:城市生活对乡村生活的引动,以及乡村生活对于城市生活的回应,观察与分析这种城乡互动所形成的文化心理张力在城乡一体化中的功能。

2. 社会文化的维度:城乡一体化进程中的新社区、新族群等出现,对社会管理构成了新的挑战,观察与分析这一历史过程中的社会整合与制度文明的不断完善。

3. 公共文化的维度:城乡一体化并非是城乡居民的文化同质化,观察与探讨在城乡一体化的进程中不同阶层与不同族群的文化需求与供给。

4. 核心价值的维度:城乡一体化引动的社会整体转型必然带来社会价值观的多元,观察与凝炼多元社会价值观的共同诉求,从而发现核心价值的呈现。

5. 历史文化的维度:城乡一体化是完全在全球化浪潮下的中国社会转型,观察与探讨中国文化传统在这一转型中的可能性的创造性转化形式及其功能实现。

基于这样的研究,最终形成了《阳动阴随:杭州城乡互动的心曲》《守正明诚:杭州社会文化的重构》《抱一分殊:杭州公共文化的协奏》《事功行德:杭州核心价值的实践》《推陈出新:杭州历史文化的演绎》五本专著。

我们的研究虽然沿着不同的维度展开,但目光似乎都聚焦于杭州城乡一体化进程中的文化显象与理念:和谐与创造。因此本丛书取名为《和谐与创造:杭州城乡一体化的文化研究》。

应该坦承,在我们的研究过程中,这样的反问是经常浮上心头的:我们的聚焦究竟是客观的现实,还是主观的愿景?唯唯否否。一方面,所有的分析都基于我们的观察,我们努力使自己的观察真实、完整、有效。这样的努力不仅一以贯之地落实在我们的工作过程,而且更是基于我们的工作理念,即科学性的追求构成了我们工作存在的价值基石。但是另一方面,人文社会科学固然同样以追求客观认识为志,但它不同于自然科学的根本之处是在于人文社会科学融入了研究者的价值关怀,无论是自觉还是不自觉。事实上,从根源性的角度说,即便自然科学也同样隐藏着人的关怀。我们所面对的杭州城乡一体化进程中的文化现象,呈现出了超出我们想像的多样性与复杂性,大大溢出了现代性的范围,不仅前现代的因素还在传承或残留,不待细说,即便是后现代的许多要素,从技术到观念,如互联网、游戏、自我与他者,以及地方意识、身体意识、女性意识等等,都无不在当下的文化中涌动与产生影响。因此,和谐与创造,我们深信这是我们对城乡一体化中的杭州文化的客观认识,但也同样是我们对现在与未来的愿景。

本课题受托于杭州国际城市学研究中心,我非常感谢杭州城市学研究理事会王国平理事长对我们的信任与支持,并将这套小书纳入他主编的《杭州全书》。我到杭师大工作以后，有幸参与王主任领导的城市学研究，不仅学到许多东西，而且更是感佩他对学术的敬重与识见，他对杭州的情怀与梦想。

整个研究从 2011 年底启动，几年来课题组成员形成了集体研讨、分头研究的固定工作模式。我非常感谢各位学者的支持与相互配合，尤其是傅德田兄在研究之余还帮我处理本课题的大量事务性工作。

最后我必须郑重说明，虽然具体研究完全由每位学者独立完成，但由于整个框架与思路由我提出，因此对于这套丛书存在的任何不足，我都拥有不可推御的责任，并诚请读者批评指正。

何　俊

2015 年 5 月 18 日于杭师大恕园

目　录

第一章　绪　论

公共文化,是我国社会主义先进文化建设中的一项重要内容,近年来有关公共文化服务的理论与实践,正受到越来越多的关注,处于迅速的发展之中。

文化是民族的血脉,是人民的精神家园。每一个人享有公平的文化权利是现代社会基本的人权要求,因此建立健全公共文化服务体系是社会公正的重要体现,也是促进社会和谐发展的必要条件。同时,通过由政府主导的公共文化服务,也有利于弘扬社会主义先进文化,保证社会主流文化的健康方向。

21 世纪以来,党和政府对公共文化的发展给予了高度的重视。在 2002 年《十六大报告》中,就提出了始终"把社会效益放在首位"的原则,指出"国家支持和保障文化公益事业,并鼓励它们增强自身发展活力。坚持和完善支持文化公益事业发展的政策措施,扶持党和国家重要的新闻媒体和社会科学研究机构,扶持体现民族特色和国家水准的重大文化项目和艺术院团,扶持对重要文化遗产和优秀民间艺术的保护工作,扶持老少边穷地区和中西部地区的文化发展。加强文化基础设施建设,发展各类群众文化"。

2006 年 9 月,中共中央办公厅、国务院办公厅印发了《国家"十一五"时期文化发展规划纲要》,这是新中国成立以来由中央制定的第一个专门关于文化建设的重大纲领性文件,对未来五年文化发展的指导思想、方针原则和目标任务都做出了明确规划。《纲要》在重要部分详细规划了我国公共文化的五年前景:(一)完善公共文化服务网络;(二)加强农村文化建设;(三)普及文化知识;(四)建立健全文化援助机制;(五)鼓励社会力量捐助和兴办公益性文化事业。其中的内容不仅涉及公共文化的服务网络、服务机制、服务方式、服务主客体各个方面,并特别倾向城乡一体及向弱势群体的倾斜。

在 2007 年《十七大报告》中,公共文化被作为实现全面建设小康社会奋斗目标的新要求提出:覆盖全社会的公共文化服务体系基本建立,文化产业占国民经济比重明显提高、国际竞争力显著增强,适应人民需要的文化产品更加丰富。

在党和政府的高度重视下,我国的公共文化建设进入了实践和理论的并行迅速发展时期。在理论界,文献学的方法、社会学的方法、人类学的方法、政治学的和经济学的方法等等方法都被用于公共文化研究,研究的对象以文化政策为核心,内容包括涉及"公共文化服务体系相关概念、构建主体、公共文化财政及投入机制、运行机制创新、文化法律法规、绩效管理与评估、农村(及弱势群体)公共文化服务体系建设等问题的探讨"①。对国外相关领域的理论与实践的研究也在不断地扩展和深入中。

"十一五"时期是我国文化建设的创新发展期,经过五年的探索和实践,公共文化建设已初建成效:公共文化服务体系框架基本建立,服务能力和水平显著提高。文化产业蓬勃发展,整体规模和实力快速提升。文化产品创作生产十分活跃,精品不断涌现、市场日益繁荣。文化遗产保护力度不断加大,优秀民族传统文化进一步弘扬。

在此基础上,2012年《国家"十二五"时期文化改革发展规划纲要》中,提出了公共文化进一步发展的新目标:(一)构建公共文化服务体系;(二)加强公共文化产品和服务供给;(三)加快城乡文化一体化发展;(四)广泛开展群众性文化活动。并将广播电视村村通工程、文化信息资源共享工程、农村数字电影放映工程、农家书屋工程、公共文化设施建设、边疆及民族地区公共文化建设、国家级重大文化设施建设作为主要的公共文化服务工程即重点文化惠民工程。这一目标不仅体现了以人为本、把社会效益放在首位的重要方针,也体现了公共文化服务面向全体人民,向农村倾斜、向弱势群体倾斜的一贯政策。

随着文化改革发展的不断深入,各地建设文化大省、文化强省的活动正方兴未艾。1999年,浙江就提出了建设文化大省的目标任务,并作为一项战略性任务、全局性工作持续加以推进。经过十余年的文化建设,2011年底又提出了文化强省的战略目标,具体提出了"强先进文化凝聚力、强公共文化服务力、强文化产业竞争力、强文化发展创新力、强区域文化影响力、强人才队伍支撑力"的六大任务,将公共文化放在了最重要的位置上。作为浙江的省会城市,有着悠久历史文化的杭州,正是浙江文化建设的中心。

杭州市目前的行政区划共有八区三市(县级市)二县。上城区是杭州最古老的城区,在老杭州城的南面,东南面临钱塘江,西面紧靠西湖,南宋皇城便建在这里。中国古代以南为上,北为下,所以称上城区。下城区在南宋皇城以北,东邻护城河贴沙河,西南临西湖,北有大运河经过,是现省政府和市政府的所在地,也是历来繁华的老城区。江干区在老城区东面,钱塘江的北岸,是杭州"城市东扩,沿江发展"

---

① 任珺.公共文化服务体系研究综述:2004—2007年.中国公共文化服务发展报告2007.北京:社会科学文献出版社,2007.80.

战略的一个重要地区。拱墅区在杭州城的北面,原来是杭州重工业集中的地区,
1990 年拱墅区与半山区合并,随着运河拱墅段的开发建设,正在成为杭州一个新
的文化中心。西湖区在老杭州的西面,包括沿西湖风景区和西溪湿地周边的地区。
滨江区(高新区)是杭州的一个新区,位于钱塘江南岸,1990 年国务院批准为国家
级高新技术产业开发区,1996 年设区。2001 年,经国务院批准,杭州市扩大行政区
域,撤销萧山、余杭两个县级市,设置萧山区和余杭区。这两个新区是杭州面积最
大的两个区,萧山区在杭州湾的南岸,余杭区在原杭州城区的西北面。除八区之

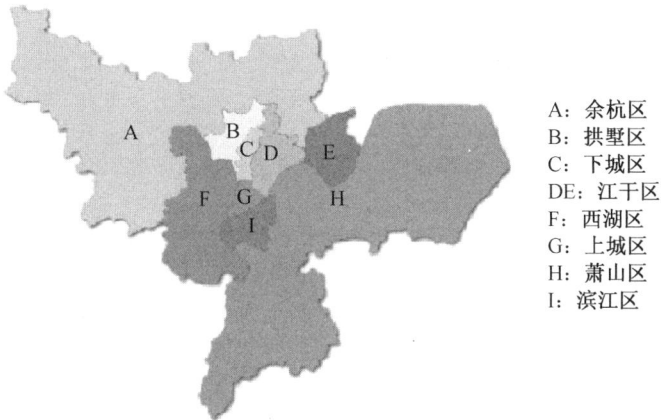

A:余杭区
B:拱墅区
C:下城区
DE:江干区
F:西湖区
G:上城区
H:萧山区
I:滨江区

杭州八区图

杭州包括八个区、三个县级市和两个县

外，杭州市的行政区划还包括建德市、富阳市、临安市三个县级市和淳安、桐庐两个县。新杭州人口、土地面积资源和经济、社会发展综合能力等全面超过南京、苏州、宁波等城市，成为长江三角洲地区第二大区域性大都市，仅次于上海市。然而由于各区历史发展的不平衡，特别是农村地区和城郊接合部在经济上和文化上远远落后于城市地区，因此统筹城乡发展、构建新杭州一体化的格局仍是杭州市所面临的任务。在城乡共建共享"生活品质之城"的总体构想之中，提升公共文化的设施与服务是其中重要的一部分。

第一节　公共文化及相关概念

文化是国家和民族的灵魂，集中体现了国家和民族的品格。文化的力量，深深熔铸在民族的生命力、创造力和凝聚力之中，是团结人民、推动发展的精神支撑。然而，文化(Culture)却是一个十分常用却难以界定的概念，在不同时空的语境中，其内涵和外延都有很大的不同。据统计，有关"文化"的各种不同的定义至少有二百多种，足见其复杂性。近代以来的学者们普遍认为，文化是一种"复合体"(E. B. TYLOR，《原始文化》)，是由"知识、信仰、艺术、道德、法律、习俗以及由作为社会成员的人所获得的任何其他能力和习惯"所构成的。梁漱溟在《中国文化要义》中说："文化，就是吾人生活所依靠之一切……文化之本义，应在经济、政治，乃至一切无所不包。"一般而言，文化是指一个国家或民族的历史、地理、风土人情、传统习俗、生活方式、文学艺术、行为规范、思维方式、价值观念等。在1982年墨西哥城举行的第二次世界文化政策大会上，联合国教科文组织将文化定义为：文化在今天应被视为一个社会和社会集团的精神和物质、知识和情感的所有与众不同、显著特色的集合总体。不仅包括艺术和文学，还包括生活方式、人权、价值体系、传统和信仰。[1] 由于本文的特殊领域，针对公共文化而言，仅将文化狭义地限定在艺术、娱乐、新闻出版、广播电影电视、文物博物等所谓"小文化"的范围。[2]

从上述定义看，文化本身必定是一种公众的文化，社会中的每一个人，都是文化的创造者，同时也是一定文化的分享者。然而"公共文化"作为一个理论和实践的特殊领域，却是有其特定含义的。"公共"(Public)一词，在现代意义上，专指代

① 程庆会,史育华,武宇清.文化自觉与自觉的文化.河北师范大学学报(哲学社会科学版),2011(6).

② 陈威.公共文化服务体系研究.深圳：深圳报业集团出版社,2006.15.

表多数人的,或关系多数人的利益的,建立在社会公/私二元对立基础上的独特概念,它涉及公共需求、公共领域、公共精神等诸多问题,在这里它应该被理解为"公共性"或者"公益性",一般指公共部门(通常即政府)通过提供"公共服务",满足或实现公共需求并进而保证公民权利的实现。① 在这个意义上,"公共文化"可理解为:由政府主导、社会参与形成的普及文化知识、传播先进文化、提供精神食粮,满足人民群众文化需求,保障人民群众基本文化权益的各种公益性文化机构和服务的总和。这一概念是与"公共文化服务"、"公共文化服务体系"、"公共文化产品"等概念相一致的。

"公共文化产品"是指具有非竞争性和非排他性的文化产品。非竞争性是指一个使用者对该产品的消费不会减少其他人对它的消费;非排他性是指任何人都无法阻止某一个用户对该产品的消费。因此它区别于商业市场所提供的各类文化产品,例如公共图书馆的图书、广场文艺演出等等。

"公共文化服务"是指基于社会效益,不以营利为目的,为社会提供非竞争性、非排他性的公共文化产品的资源配置活动,是社会公共服务的一部分。目前在我国提供公共文化服务的公益性机构主要有公共图书馆、博物馆、美术馆、群众艺术馆、文化馆、文化站及全国文化信息资源共享工程服务点等,这些机构及其相关的服务设施、运行管理系统及制度被统称为"公共文化服务体系",所提供的服务内容主要包括读书看报、广播电视及互联网服务、看电影看戏、公共文化欣赏、文化素质培训、群众性文体活动等。②

"公共文化服务"的特征或基本原则主要是:(一)公益性。公益性是指所提供的服务基本是免费或收费很少,远低于成本,不以营利为目的,具有非竞争性和非排他性,其宗旨在于满足广大公民的公共文化权益需求。(二)公平性。公平性是指在提供服务时,必须对服务对象即全体公民一视同仁地对待,不分贫富贵贱,不分男女老幼,不分城市农村,都能平等地享受公共文化服务。(三)基本性。公共文化服务所满足的是人民大众基本的精神文化生活需求,超出基本需求的部分,公民可以通过文化市场获得。(四)便利性。便利性是指公共文化服务应该是近距离的、经常性的和容易获得的,这样才能保证大众都能充分地享受到。

"公共服务"这一领域在我国的兴起,是由我国的体制改革,及由此而来的社会主义市场经济条件下政府职能转变而带来的。公共服务就是使用公共权力和公共资源向公民所提供的各项服务,其提供的主体必然是政府,也包括一些非营利性组

---

① 陈威.公共文化服务体系研究.深圳:深圳报业集团出版社,2006.16.
② 戴珩.公共文化服务体系120问.南京:南京师范大学出版社,2011.3.

织和企业,其内容包括城乡公共设施的建设,发展社会就业、社会保障服务和教育、科技、文化、卫生、体育等公共事业,发布公共信息等,为社会公众生活和参与社会经济、政治、文化活动提供保障和创造条件。2002 年,党的十六大报告第一次把政府职能归结为四个方面:经济调节、市场监管、社会管理和公共服务;2003 年十六届三中全会又进一步提出了"完善政府社会管理和公共服务职能,为全面建成小康社会提供有力的体制保障"的目标。

随着传统社会向现代社会的转化,随着我国改革开放的不断深入,人民生活水平已经有了很大的提高。当温饱问题基本解决后,大众对教育、医疗、文化等方面产生了更高的要求,物质需求的基本满足,带来的是对精神世界的幸福感的更高需求。在计划经济体制时代,公民的文化娱乐主要来自政府提供的公益性文化产品,虽然相对公平,但社会总供给在当今体现出严重不足的状况;而在相对封闭的农村地区,一些具有悠久历史的自发的文化娱乐活动,在改革开放后日趋衰落,已失去了原有的活力;这使得社会公共文化产品的供给与需求的矛盾不断尖锐。改革开放 30 余年来,文化事业的发展与社会经济的发展并不均衡,不少公益性的文化事业单位由于创收较少或基本没有创收,其原有的公共文化服务相对萎缩,对社会提供的文化产品总量减少。不少公共文化部门如各地文化馆、群艺馆、剧团等,或改制或处于瘫痪状态。

经济、政治、文化等权利都是人的基本权利,它们都是社会人的基本需求,其中经济权利是基础,政治权利是保证,文化权利是目标。人权是一个不可分割的整体,构成这个整体的各项权利之间是相互依存、相互补充、相互促进的,如果失去了其中任何一种权利,必将破坏其他各种权利的被有效行使和全面享受。1966 年 12月第二十一届联合国大会通过了《经济、社会、文化权利国际公约》,第一次在世界范围内以具有法律约束力的条约形式确定了全人类的经济、社会、文化权利,2001年该公约对我国正式生效。自此,文化权利问题在我国得到了广泛的关注,满足人民群众的文化需求,保障和实现大众的基本文化权利,已不再是国家的道德义务和恩赐,而成为政府必须承担的法律义务。

我国的社会主义市场经济体制是一个整体,21 世纪以来,文化体制改革已进入深度阶段,文化产业有了长足的发展,原来一些文化事业单位中市场化较高的部分逐渐分离出来,融入了市场经济体制;而原文化事业单位中公益化较强,不能或不应该进入市场体制的部分也在进行了各项体制和运行方式的改革之后,逐步纳入了公共文化的体系。此外,一些非政府非营利的公共文化服务机构,在大众的需求和政策的鼓励、推动下,也进入这一领域,甚至是一些私人部门也有不少投资公共文化服务、参与公益性文化活动的要求和实际活动,这使公共文化日益呈现出多样性和个性化的特征。

从计划经济下的"文化事业"到"公益性文化事业",再到"公共文化服务体系",对公共文化的认识与实践都在不断提高之中。在这样的背景下,对公共文化的理论研究也逐渐成为一个热门的领域。

第二节　理论与方法

公共文化在我国是一个全新的研究领域,它首先来自于实践的迫切需求,从一开始,它就与现实的政治、经济、文化诸问题结合在一起,与改革开放的进程结合在一起,因而难免带有功利色彩。这对该领域的理论研究提出了明确而艰巨的任务。十余年来,国内的研究从无到有,正在不断地广泛和深入中,成果也颇为可观。然而作为一个新兴的研究领域,一方面由于长期处于计划经济体制下,传统的相关研究完全付之阙如,几乎找不到相应的理论基础;另一方面,由于中国和西方国情的差异,也很难直接在西方现有理论研究中找到相同的领域,用以奠定批判或继承学习之理论基础,因此,公共文化领域的研究基础尚属薄弱,框架结构比较松散零乱,很难满足迅速发展的实践之需要。

严格而言,在西方传统理论界并没有公共文化研究这一领域,也很难界定其学科归属。从宏观上看,它应属文化政策领域,归口文化行政学、文化管理学、文化经济学等;从微观上看,图书馆学、文物博物学、传媒管理等都与公共文化相关。这些学科,在近几十年都有不小的变化和发展,在我们建构公共文化这一新学科时,这些变化也必然影响到我们的理论建设。如20世纪80年代兴起的"公共管理"、"新公共服务"等运动,对当代西方公共行政和管理理论与实践有过重大的影响。由于在中国的体制改革过程中,也十分强调向服务的转型,因此也必然会关注相关的理论。这些宏观理论主要包括:

(一) 公共选择理论(Public Choice Theory)。公共选择理论是一门介于经济学和政治学之间的交叉学科,是用经济学的方法来研究政府的管理活动及各领域公共政策的制订和执行的理论。领袖人物是当代美国著名经济学家、诺贝尔经济学奖获得者詹姆斯·布坎南(James Mcgill Buchanan),其核心是引进经济学中的"经济人"假设,由于政府的公职人员即决策者们都是有理性又自私的人,他们的决策会被自身的"经济人"动机所左右,导致其决策往往不是倾向于最大限度地增进公共利益,而使政府的决策并不能确保资源的最佳配置。正因为如此,公共选择理论主张在政府决策和社会、个人选择之间建立内在的联系,打破政府在公共服务的垄断,将政府的一些职能交给市场与社会,建立公私之间的竞争,通过外部的政府与市场关系的重组改革政府,使公众有自由选择的机会。

布坎南的公共选择理论曾对西方政府的公共改革浪潮起了重要的推动作用。英国的撒切尔夫人执政时期的私有化运动,对许多大型国有企业推行私有化政策,主张减少国家干预,恢复自由经济。在文化政策方面,英国、法国、美国等一些国家都改革了文化管理与服务的方式,更多地将市场机制引入公共文化事业中,鼓励非政府部门进入公共文化服务系统,政府采取间接管理和规划,以扩大范围并提高效率。

(二)新公共管理理论(New Public Management)。新公共管理理论是 20 世纪 80 年代以来兴盛于英、美等西方国家的一种新的公共行政理论和管理模式,它是对当代西方行政改革实践经验的理论总结,也是许多学者不同方向的研究统称,其核心原则被称为三 E,即经济、效率和效益(Economy, Efficiency and Effectiveness)。其主要思想包括:1. 政府的管理职能应是"掌舵而不是划桨";2. 政府服务应以顾客或市场为导向;3. 政府应广泛采用分权或授权的方式来管理;4. 政府应广泛采用私营部门成功的管理手段和经验;5. 政府应在公共管理中引用竞争机制;6. 政府应重视提供公共服务的效率、效果和质量;7. 政府应放松严格的行政规则,实施明确的绩效目标控制;8. 公务员不必保持中立。[①]

新公共管理理论与公共选择理论一脉相承,都推崇市场机制,其核心思想是力图将私营部门和工商企业的方法用于公共部门,更多强调市场竞争、业绩评估考核、成本效率、顾客导向等等,不同的是:前者更注重政府与市场、与社会之间的关系,而后者更关注政府公共部门内部的改革和市场化的完善。主张在保持国有或政府所有的前提下,将国有公共文化部门的经营权分散给社团、企业或私人,从而公共文化行政管理与公共文化经营管理之间在组织制度上分离开来,最终实现国家文化行政系统与国家公共文化系统之间独立和互补的关系,确立起科学而有效的公共文化管理的体制模式。[②]

(三)新公共服务理论(New Public Service)。新公共服务理论是对新公共管理理论的一种反思,认为新公共管理的政府"市场模式"有削弱公共管理中作为主导原则的民主政治的危险。它不再着眼于技术和工具层面的管理模式,而试图将视角转到对行政管理乃至对社会发展的终极目的与价值的探讨上,提倡政府应承

---

① 柴生秦.新公共管理对中国行政管理改革的借鉴意义.西北大学学报(哲学社会科学版),2000(2).

② 陈鸣.西方文化管理概论.太原:书海出版社/山西人民出版社,2006.299.

担为公民服务和向公民放权的职责,公共管理者的工作重点既不应该是为政府航船掌舵,也不应该是为其划桨,而应该是建立一些明显具有完善整合力和回应力的公共机构,帮助公民表达并满足他们的共同利益,为他们服务。新公共服务的代表人物是美国行政学者罗伯特·丹哈特(Robert B. Denhardt)和珍妮特·丹哈特(Janet Vinzant Danhardt),他们的名著《新公共服务:服务,而不是掌舵》,在公共行政的理论和实践领域都产生了深远的影响。

在公共文化管理中引入新公共服务理论,是西方文化政策扬弃"三 E"原则,回归民主与公平原则的理论基础。近年来,西方国家在公共文化行政中,特别注重建立与公众之间的长期互动关系,针对公众多元的文化需求结构,设计、提供理想的文化产品或服务,并通过各种渠道了解公众的期望,且将此信息作为改进工作和管理的方向;注重公众对公共文化事务管理过程的参与,鼓励公众在参与过程中积极表达观点、看法和意愿。[①] 例如美国在"9·11"后的政府行政改革中,注重积极建构政府与社区、公民之间的互动关系,提出公务人员不仅是公共服务提供者,而且应该要扮演协调者、调解者甚至是仲裁者的角色,对公民的请求不应该说"是"或"不,我们不能",而应该说"让我们一起来解决"或"我们应当做什么,来让它成为可能"[②]。

(四) 公共治理理论(Public Governance)。公共治理是由开放的公共管理与广泛的公众参与二者整合而成的行政管理模式,具有治理主体多元化、治理依据多样化、治理方式多样化等典型特征。公共治理理论源自对公共选择理论的批判和发展,与新公共管理理论与新公共服务理论也一脉相承。代表人物之一美国学者詹姆斯·罗西瑙(James N. Rosenau)的代表作《没有政府统治的治理》和《21世纪的治理》中,论述了治理理论与传统行政理论的不同,即在国家、市场和公民社会的三维结构框架下来进行行政,这样的治理才是"善治"。其前提是:在各国的行政实践中,无论是市场的调配还是政府的调配,都会有失灵的情况,无法达到社会资源的最合理配置,因此必须有第三部分——即公民社会组织的参与。

公共治理理论于 20 世纪 90 年代在西方社会科学中流行,强调管理对象的参与管理,提倡平等合作,对公共文化行政领域有很深的影响。当代文化政策发展的一大趋势就是以各种灵活的制度安排,建立民主决策机制,逐步提高专家、非政府

---

① 任珺.公共文化体研究综述:2004—2007 年.中国公共文化服务发展报告(2007).北京:社会科学文献出版社,2007.41.

② 江易华.新公共服务理论对政府绩效评估的借鉴意义.广东经济管理学院学报,2006(10).

组织及公民在公共文化服务决策中的参与程度,从而不断提升公共文化决策的专业化与民主化水平①。公共治理理论对公共文化各具体部门也有不小的影响,如图书馆管理、博物馆管理等专业领域都受到了该理论的影响而产生了一定的变革②。

随着中国公共文化研究领域的发展,这些宏观管理理论不断被应用于中国的文化改革之中。近年来,我国的学者们对公共文化的各个具体领域也作了许多相关研究,取得了不少成果,包括博物馆管理、文化遗产保护、图书馆管理、传媒管理、社区文化理论、艺术社团管理等等,深入讨论了国外近几十年来新观点,新理论,并对这些理论对中国文化改革的影响作了相关研究,成果丰硕。

第三节 杭州市公共文化概况

杭州是我国的六大古都之一,也是国务院公布的首批国家级历史文化名城之一。在进入 21 世纪之后,杭州市政府对文化的发展一直保持了高度的重视,认为杭州要续写文化名城的新篇章,要形成堪与世界名城相媲美的"生活品质之城"的一流人文环境,不仅继承和弘扬优秀的文化传统,更要紧紧围绕社会文明程度和市民综合素质的提高,加快公共文化服务体系建设,打造坚实的城市文化软实力。

根据《国家十一五时期文化发展规划纲要》,杭州市近年来着力推进公共文化服务体系建设,不仅力度大,而且始终围绕城市发展重点,按照"发展布局抓规划、加大投入抓政策、改进服务抓项目、提高能力抓创新、保障民生办实事"的思路,不断加大文化投入,完善服务设施,创新服务方式,丰富服务内容,落实服务保障,到2010 年底,在全市范围内已初步形成了覆盖市、区县(市)、街道(乡镇)、社区(村),服务城乡百姓的公共文化服务体系,无论在全省还是在全国,都属于领先的行列。

第一,杭州市对公共文化政策的实施保持高度的重视。先后研究制定和出台了《杭州市文化事业"十五"发展规划》、《杭州市委市政府关于加快"一名城四强市"建设的意见》、《杭州市人民政府关于加强农村文化建设的政策意见》、《杭州市公共文化服务体系建设规划(2008—2010)》、《公共文化设施布局专项规划》、《关于政府采购公益性文化产品的实施办法》、《广播电视低保工程实施意见》、《乡镇综合文化站建设实施意见》等一系列政策措施。设立了每年 1000 万元的农村文化建设专项

---

① 曹爱军,杨平.公共文化服务的理论与实践.北京:科学出版社,2011.39.

② 程真,赵红.公共治理视野下的公共图书馆的经费问题.图书馆学研究,2006(11).

经费,重点扶持欠发达地区文化建设;规定各区、县(市)按照户籍人口每人每年3元以上的标准,安排基层文化活动专项经费,市级财政每年按照全市农村户籍人口人均1元标准安排文化活动奖励扶持经费;统筹规划和利用党员远程教育、文化信息资源共享工程、村级文化活动室、农家书屋等方面的资源,花小钱办大事,实现资源的充分利用和社会效益的最大化;完善鼓励、捐赠和赞助等政策,拓宽筹资渠道,引导社会资金以多种方式投入公益性文化事业。上述一系列的规划、政策,标志着杭州保障群众基本权益意识的充分自觉,同时也标志着政府开始有步骤地通盘考虑健全公共文化服务设施网络、提高公共文化产品供给能力、丰富公共文化服务内容、打造公共文化服务品牌等问题,充分体现了政府在公共文化设施布局规划和建设、公共文化产品供给及引导扶持等方面的主导作用[1]。

第二,公共文化服务硬件设施体系初具规模。据统计,"十一五"期间,杭州市各级政府在文化领域投入已超过23亿元。至2010年底,全市有市级群众艺术馆、图书馆、少儿图书馆各1个,区、县(市)文化馆13个,区、县(市)图书馆11个,街道(乡镇)综合文化站(中心)199个,社区(村)级文化活动中心(文化活动室)2531个,实现村级文化设施全覆盖。广播电视"村村通"工程实现有线电视入户率达95%,有线广播"村村响"行政村覆盖率100%,通响率80%以上。组建杭州爱乐乐团,恢复杭州杭剧团。全市现有7个专业艺术院团,1所中等职业艺术学校,1个艺术创作研究中心。有全国重点文物保护单位24处,省级文物保护单位69处,市县级文物保护单位229处,各类博物馆纪念馆50座,历史文化村镇和历史文化街区33处。拥有文物保护管理机构23个,考古研究机构1个,文物执法机构1个。基本建成覆盖全市城乡的四级公共文化服务设施网络[2]。

第三,从事公共文化服务的人员从数量到素质上都有很大提高。杭州市群众文化服务机构初步形成了网络,基本覆盖了杭州市各个区、县(市),并呈现出专业文化队伍与业余文化队伍共同发展的态势,群众文化专业队伍健全,工作开展活跃。根据中共杭州市委宣传部2010年底的统计数据:全市拥有专职群文干部971人,有6012支城乡业余文艺团队,集聚了8.5万人活跃在街道、乡镇、社区、村落的业余文化工作骨干。

第四,各种公共文化活动得以开展,形成了一些文化品牌,涌现了许多优秀作品。创办了"中国国际动漫节"、"西湖之春"艺术节、西湖国际音乐节等新的重大文化节庆活动。与文化部、中国文联等国家文化管理部门合作,举办了中国话剧百年

----

[1] 数据来自《杭州蓝皮书2010年·文化卷》。
[2] 详见《杭州市"十二五"文化广播影视新闻出版事业发展规划》。

经典剧目展演、第二届中国戏剧奖·曹禺剧本奖和梅花表演奖大赛等大型文化活动,成功地扩大了杭州文化的影响,提升了知名度。在各区县,"十五分钟文化圈"基本建成;"万场文化活动到基层"工程正在持续之中;"文化扶贫"工程也不断升级,为 100 个贫困村送书 10 万多册、送电影 1 万多场次。十一五期间,杭州的艺术文化创作成果叠出,全市舞台艺术作品获得了包括中宣部"五个一工程"奖、文化部"文华优秀新剧目奖"和"国家舞台艺术精品工程初选剧目"以及中国文联戏剧"梅花奖"等在内的省级以上各类奖项 250 余个。群众文艺创作取得丰硕成果,共获得了包括文化部第十四届"群星奖"创作奖、全国"四进社区"活动金奖等在内的国家级奖项 20 项,省级奖 158 项。

第五,在公共文化服务组织机制和运行机制上进行了大胆的探索和改革。"政府主导、社会参与、市场化运作"的公共文化服务运行机制逐步形成。市群众文化服务网成功试运行,群众文化业余团队以及群众文化人才的资源库初具规模,159个群众文化配送基层服务点初步建成。通过"文企联姻"、"项目共建"等形式,吸纳社会资金参与文化活动和服务,着力拓宽"合力兴文"的途径。在文化事业机构中进行改革,对用人体制、分配体制、职称体制等三项内部制度不断完善,机构活力、服务水平明显改善。争创公益性文化事业单位改革的"杭图模式",在全国率先实施了以绩效考评为导向的一系列改革新举措,杭州爱乐乐团的组建成立,"一网、一团、一体系"群众文化运行机制的探索和实践等,激发了全新的活力和生机。

第六,非物质文化遗产保护力度加强。市及 5 个区、县(市)分别建立了非物质文化遗产保护中心。蚕桑丝织技艺、西泠印社篆刻入选人类非物质文化遗产代表作名录。入选国家级和省级非物质文化遗产名录项目分别达到 37 个和 123 个,居全国同类城市第一。公布三批 249 个市级非物质文化遗产项目,非物质文化保护名录渐成体系。对全市 83 位首批市级代表性传承人的民间绝活、传承脉络及制作技艺进行了活态记录。全市有 5 个单位入围中国民间文化艺术之乡,8 个单位入选省级传承基地。

十二五时期是杭州市人均 GDP 实现从 1 万美元向 2 万美元新跨越的攻坚阶段,也是加快建设"一城、七中心"和"文化名城",实施"服务业优先"、"文化软实力提升"、"民主民生"等战略,加快形成城乡区域发展一体化格局的关键时期,是市民生活品质提升取得新突破,全面进入小康社会的阶段。这就要求杭州市"以领跑精神"来规划和实施公共文化服务发展,加强公共文化产品和服务的有效供给,全面有效地提升市民文化生活的水平。

目前,杭州市正在实施"一主三副、双心双轴、六大组团、六条生态带"的城市总体规划,以及以新型城市化为主导统筹城乡区域发展、加快形成城乡区域发展一体化新格局战略,形成3个城市文化中心和8个文化副中心、5条文化景观带和若干文化片区。即,主城区形成3个主文化中心:改造提升以武林广场和湖滨地区为中心的主城区文化主中心;依托城市东扩和沿江跨江发展,以钱江新城为中心完善新的文化主中心;依托大城西发展,以老城西和以生态科技为定位的新城西为中心,形成新的文化主中心。以三个副城和五县市为副中心形成8个文化副中心,即江南副城、临平副城、下沙副城文化副中心以及临安、富阳、建德、桐庐、淳安文化副中心。根据杭城江、河、湖、溪四水共导的格局,重点打造钱塘江、运河、西湖、西溪、湘湖等五条文化景观带。以文化遗存分布、文化设施设置、文化单位集聚、文化产业园区建设为基础,在全市引导、培育、形成若干文化片区。围绕以新型城市化为主导统筹城乡区域发展战略,推动五县(市)和八城区文化设施加快发展、协调发展,使杭州成为全省城乡公共文化设施一体化发展的先行区①。

---

① 详见《杭州市"十二五"文化广播影视新闻出版事业发展规划》。

第二章 杭州市的图书馆

　　对于一个城市来说，图书馆不仅是收藏各种图书供人借阅的场所，而且是普通民众进行文化交流，接受终身教育的地方。从一个地区所拥有的图书馆的数量与质量，能体现出这一地区的文化气质和风貌。杭州有数量众多的公共图书馆，除浙江省图书馆、杭州市图书馆外，八城区五县市都有各自的独立图书馆，还有杭州少年儿童图书馆、杭州图书馆佛学分馆、棋院分馆、盲文分馆、印学分馆、生活主题分馆等专题图书馆。近年来，杭州还建起了许多图书馆社区服务点和农家书屋，人们在家门口就能借书和还书，还能通过网络预约到杭州图书馆"一证通"服务体系内任何藏书。阅读，已成为越来越多杭州人日常生活的一部分。

第一节 浙江图书馆与文澜阁《四库全书》

　　浙江图书馆创办于 1900 年，前身为杭州藏书楼，1903 年改称浙江藏书楼，1909 年定名为浙江图书馆。是国内创办最早的省级公共图书馆之一。1998 年落成的新馆坐落于杭州曙光路黄龙洞风景区旁，用地面积近 3 公顷，建筑面积30800 平方米，是一座现代化的面向 21 世纪的图书馆。除曙光路总馆外，浙江图书馆还有三处馆舍，分别是原杭州孤山路馆舍、杭州大学路馆舍及湖州市南浔区嘉业藏书楼，这三处馆舍各有特殊历史，使浙江图书馆拥有了独特的人文与历史魅力。

一、镇馆之宝——文澜阁《四库全书》

　　浙江图书馆馆藏丰富，现有藏书逾 500 万册和超海量数字化文献信息资源。其中有古籍珍藏与地方文献，包括敦煌经卷、宋元明刻本、稿抄本、名家批校题跋本及日本、朝鲜、越南等外国刻本,共有古籍线装书83.5万册,其中善本14.1万册。然而真正的镇馆之宝,则非文澜阁《四库全书》莫属。

关于文澜阁《四库全书》的收藏、补抄、保护,有一个真实的传奇故事。《四库全书》修好后,乾隆下令抄写六部。七部书分七处存放,藏书阁都依照天一阁建造,分别是北四阁——文渊阁、文源阁、文津阁、文溯阁和南三阁——文宗阁、文汇阁、文澜阁。南三阁中,文宗阁与文汇阁皆毁于太平天国战火之中。"咸丰十一年,太平军第二次攻打杭州,在战火中文澜阁圮塌,书散失。幸当时避乱在西溪之丁申、丁丙兄弟发现街上有人卖食物,率裂四库书纸包裹,知道阁书受损散失,连夜组织家人冒险抢救,始得使阁书免遭如同文汇、文宗全毁之劫。然仅存八千一百四十册,益以嘉兴徐蔡之在沪所收集五百四十九册,亦不过八千六百八十九册。同治年间又陆续收得三百七十多册,共计九千零六十二册。而除去图书集成残本六百七十多册,则四库不过八千三百十九册而已。比较四库完帙,尚不及全书四分之一。"①

文澜阁的抄书活动在文化史上具有盛名,因南三阁自建成之初就负有一个特殊使命:即对读书人开放。乾隆帝曾多次下谕表明建南三阁的目的是"俾江浙士子得以就近观摩誊录"②,抄阅《四库全书》因而成为当时江南地区重要的文化活动和社会现象,而南三阁中,前往文澜阁观摩誊录者最众,产生的传抄本最多,影响也最大。许多当时的成名学者都曾登阁抄书。③ 光绪七年,文澜阁修复完工。次年,丁氏兄弟将残存《四库全书》奉还文澜阁,并在时任浙江巡抚谭钟麟的批准下,利用八千卷楼藏书和向全国著名藏书楼借用的底本,开始了补抄工作。补抄"按籍征求,历七年之久,得三千三百九十六种,求而未得者仅九十余种。"④此次补抄图书,共计34769册,文澜阁《四库全书》得以大体复原。

1911年6月,浙江谘议局议决并经浙江抚院核准,文澜阁及所藏《四库全书》并归浙江图书馆,次年夏,馆长钱恂请准将《四库全书》移藏至一墙之隔的孤山新馆,自此阁、书分离。《四库全书》移藏后,一直作为浙江图书馆的"保存类"图书,只允来阅,不许外借,至今依然。1929年12月,文澜阁房舍拨归浙江省立西湖博物馆使用,新中国成立后,归属浙江博物馆,于2001年6月被国务院批准列入第五批

① 何槐昌,郑丽军.一部具有特色的《四库全书》——文澜阁《四库全书》.图书工作与研究. 2003(4).

② 纂修四库全书档案:乾隆四十七年七月初八日谕.上海:上海古籍出版社,1997.589.

③ 程惠新,高明.文澜阁《四库全书》传抄本考述.图书馆工作与研究,2013(10).

④ 浙江图书馆.陈训慈百年诞辰纪念论文集.北京:北京图书馆出版社,2006.109.

国家级重点文物保护单位。文澜阁历经数次修缮，最近一次自 2006 年始至 2013 年 6 月，修缮力求恢复原貌，现已作为浙江博物馆的一部分全面开放。钱恂曾参与过丁氏组织的《四库全书》补抄活动，在离任浙江图书馆馆长后，他在北京的浙江同乡会发起募捐活动为补抄《四库全书》筹款，并请浙江巡抚使行文教育部商借文津阁《四库全书》作为补抄底本，后又呈请时任大总统的袁世凯在北京设立补抄文澜阁《四库全书》馆。此次补抄历时八年，共补抄缺书 13 种，缺卷 20 种，共 268 卷，并购得原抄本 182 种，因终于 1923 年(民国 12 年)，称为"乙卯补抄"。1923 年，时任浙江省教育厅厅长的张宗祥再次组织了较大规模的补抄活动，除在京杭两地依据浙江图书馆馆藏善本和文津阁藏本补抄之外，还借用民间精刻本进行抄校，工作非常仔细。此次补抄历时两年，计补缺书缺卷 211 种，2046 册，重校丁抄 213 种，2251 册[1]，史称"癸亥补抄"。此外，自 1932 年起陈训慈任浙江省立图书馆馆长时期，还曾购得文澜阁《四库全书》原抄本若干，并常常亲自为前来参观和誊抄的读者们讲演《四库全书》之今昔。

抗日战争开始之后，为避免《四库全书》被日本侵略者掠夺，陈训慈馆长动员全体馆员，于 1937 年 8 月紧急将库书 140 箱、其他善本 88 箱通过钱塘江运至富阳石马头村密藏。四个月后，由于日军轰炸杭州炮火越来越烈，计划将藏书经富春江转移至桐庐，然途中船只搁浅，又转而经建德到浙闽交界的龙泉县隐藏。1938 年 8 月，经当时教育部要求，库书由几辆大客车装运，从龙泉向西转移先至江西，又折返至浙江江山，由浙赣铁路经江西到湖南长沙，至贵州贵阳，存于西郊张家祠堂。当年 9 月，日军轰炸贵阳，库书又被迫转移，至 1939 年 2 月，转移至贵阳城十里外金鳌山山腰的地母洞中。因山洞潮湿漏水，保管员们倾尽心血，在艰难的岁月里想出各种办法守护《四库全书》，挖沟卸水、石灰防潮，每年两次晾晒，恪尽职守，历时六年。1944 年 11 月，日军从广西逼近贵阳，库书再次转移至重庆青木关。1945 年 8 月，日军投降不久，在重庆即成立了以陈训慈等人为主的"文澜阁四库全书保管委员会"，库书取道川南入黔，经湘赣重回浙江，于 1946 年 7 月重回孤山馆。至此结束了文澜阁四库全书长达 8 年 11 个月的辗转漂流[2]。

1949 年，文澜阁《四库全书》被移交，共计 36319 册，成为新的浙江图书馆的镇馆之宝。一些太平天国时期流散在外的原抄本，先后由北京大学图书馆、清华大学图书馆、南京图书馆、上海图书馆和上海市文物管理委员会等单位赠还浙江图书

① 陈源蒸,等.中国图书馆百年纪事(1840—2000).北京：北京图书馆出版社,2004.133.
② 鲍志华.文澜阁《四书全书》抗战苦旅线始末.图书与情报,2011(4).

馆,还有一些个人也将收藏的库书赠还。至 1962 年,共计增加收藏原抄本 120 余册①。

1954 年 4 月,浙江省人民政府将青白山居(杨虎楼)拨浙江图书馆使用。青白山居位于孤山之巅,面对西湖的阮公墩,空气清新干燥,钢筋水泥建造,是最好的藏书之地。这样,文澜阁《四库全书》便被搬入青白山居落户。每到秋天干燥之时,工作人员便会把窗打开,把书晾在干燥处摊开,让湿气散发。

2002 年,位于黄龙洞的浙图新馆落成,馆区的地下书库成了《四库全书》的"新家",书库恒温恒湿,常年保持 20 摄氏度,55～60 度的相对湿度,最利于古籍保存。为了保持这样的小环境,书库用了很厚的混凝土墙,内部完全封闭,没有窗户,没有通风口,只有用以保证空气循环的空调。书库地板还是木制的,有利于保持湿度。一般情况下,书库不对外开放。如果需要进书库看《四库全书》,必须套上专门的鞋套,才能入内。书库有 24 小时的专门保卫,浙江图书馆还花 12 万元定制了两扇一尺厚、重达 1 吨的钢制防盗门,并配置了自动防火系统以确保安全。

为了让更多的读者能看到文澜阁《四库全书》,2006 年 4 月,杭州出版社与浙江图书馆联合将全书影印出版。为不损原书,制作时采用拍摄方法,经数码处理,原有模糊的朱丝栏、栏框、栏线,变得清晰美观,墨迹因宣纸过薄而产生的透字现象,经拍摄者补纸处理得以纠正。不久之后,以影印本为底本的电子版也正式发行,在保持原书真迹的基础上,将书中具有检索意义的书名、作者、类目、标题以至

清光绪年间用来陈放《四库全书》的书柜

---

① 浙江图书馆古籍部.浙江省图书馆解放以来收藏文澜阁四库全书原抄本达一百二十多册.文物,1962(6).

浙江图书馆所藏文澜阁《四库全书》

全文中的字、词、语全部数字化,使之具备检索、统计、整理和编辑的功能。如今,文澜阁《四库全书》已成为平民百姓不出家门就能阅读的一部工具书。

二、品牌公益讲座——文澜讲坛

近十几年来,国内图书馆界的"讲座热"蓬勃兴起,不少图书馆将公益性讲座作为自己的一个文化品牌,这不仅是立足于公共文化事业、面向全民普及人文科学的活动,同时也大大拓展了公共图书馆的服务内涵,对于全社会的精神文明建设和公共图书馆的自身建设,都有重要的意义。

早在 2002 年,浙江图书馆就开风气之先,面向市民探索性地推出了"假日讲座"。当时的浙江图书馆把讲座定位在"丰富市民生活,提升市民素养,启迪市民心智"上,充分体现了亲民性、休闲性与通俗化,旨在使每一个听众都能享受"在休闲中学习,在学习中休闲"的乐趣。"假日讲座"推出后,便赢得了市民的喜爱和媒体的好评。2004 年,为了更好地体现浙江图书馆的历史内涵和人文内涵,打造文化品牌,"假日讲座"更名为"文澜讲坛",并且专门成立了宣传推广部(现更名为读者活动推广部),将"文澜讲坛"作为浙江图书馆服务社会的重点工作之一。著名书画家王伯敏先生为"文澜讲坛"题字,作为讲坛的 logo,更具备了规范系统的形式。①

---

① 贾晓东.浙江图书馆"文澜讲坛"走过十年.图书馆研究与工作,2012(3).

作为一个公益文化品牌,十余年来,"文澜讲坛"已举办了近600场讲座[1],拥有10余万听众,在图书馆界和广大市民之中已具备了相当的知名度,形成了自己独特的风格。

首先,从讲座内容的选择看,选题广泛但注重保持地方特色和时代特征。讲座按内容分属三十余个系列,包括"文学解读浙江"、"文史论坛"、"浙江文化名人"、"风云浙江"、"风雅钱塘"、"红色经典"、"儒学与国学"、"国际风云"、"市民学法"、"非物质文化遗产"、"女性文化系列"、"名家论名家"、"名著赏析"等。这些讲座,涉及文学艺术、经济法律、社会伦理、历史国学等学科,包罗人文社科各领域。然而,在保持广泛内容的同时,讲座又注重突出浙江文化特色和杭州本地特点,例如"文澜讲坛"开设的"西湖文化"系列讲座,让广大市民和外来人员了解杭州的历史和现代故事、西湖的文化密码、西湖的独特魅力、西湖文化对世界的影响等,在选题上很有地方特色。此外,讲座特别关注当下的各种文化讯息,如在2004年"中国艺术节"期间,请白先勇先生和汪世瑜先生作关于青春版《牡丹亭》的演讲;2012年10月,著名百老汇音乐剧《妈妈咪呀》中文版在杭州演出期间,请音乐专家作题为《一生难忘的经典——音乐剧〈妈妈咪呀〉赏析》的讲座;2008年2月,台湾地区著名话剧导演赖声川携话剧《这一夜,WOMEN说相声》来杭献演期间,作了《八十年代台湾地区文艺圈那些名剧背后的故事》的讲座,等等,都体现了"文澜讲坛"的文化时尚气息。

其次,从面向的听众群体看,讲座主要面向普通市民群体,体现了贴近实际、贴近生活、贴近群众的亲民精神。图书馆历来具有公共教育的职能,公益性讲座不设门槛,平等服务,任何人都可以根据自己的需要来参加讲座;又由于讲座这一教育形式具有"文化快餐"的特征,可以使人在很短的时间内得到所需的知识,这就为许多平时没有时间接受系统教育的成年人提供了教育机会,因此许多平民百姓特别是老年人、外来务工人员等社会弱势群体得以进入图书馆,享受公平的公共文化服务。由于讲座面向广大平民百姓,通俗性和休闲性也成为文澜讲坛的一个明显特征。2003年起,文澜讲坛立足本馆,同时与杭州29个社区共同创办了"文澜讲坛·社区行动联盟",将讲座延伸到社区、学校、政府机关、企事业单位、部队和乡镇,让社区居民不出社区大门就能在自己家门口听讲座,并和图书馆请的讲师现场交流,就自己感兴趣的话题进行讨论。例如针对近年来的瑜伽热,2013年文澜讲坛开辟了"瑜伽与健康系列",先后请杭州资深瑜伽教练菊三宝老师、王笑薇老师和浙江大学哲学系教授王志诚老师做讲座,从教授瑜伽的各种体式和练习方法到解

---

[1]　至2013年12月10日,"文澜讲坛"共举办讲座594场。

读瑜伽对自我的身心、灵魂的哲学意义探索，满足了不同层次听众的不同文化需求。针对市民对法律知识的需求，文澜讲坛开设"市民学法系列"，仅2013年，就请许多法律界专家作了有关未成年人权利保护、老年人权利保障、安全消费、交通事故后的理赔、合同的签订履行和违约责任等多场讲座。针对市民对证券投资知识的需求，文澜讲坛开辟了"投资理财系列"，请一些证券分析师为市民从宏观上分析经济形式、影响证券市场的政策走向，从微观上分析不同板块的具体个股走势，并解析目前证券市场存在的问题及风险所在，对市场趋势作出判断。由于在形式和内容上都力求亲民，文澜讲坛10年来已拥有了10余万人次的听众，其中既有离退休人员、在校学生；也有国家干部、公司白领、外来务工人员、普通市民等，他们中许多人风雨无阻，定期报到，充分享受讲座带来的乐趣。去浙江图书馆听讲座已经成了不少听众日常生活的一个组成部分，成为他们持续充电、提升自我的有趣又有效的学习方式。[1]

再次，讲师队伍不断发展壮大，至今共有500多位讲师登上过文澜讲坛。主讲嘉宾中有国内外知名大学校长、有著作等身的作家学者、有学贯中西的专家教授、叱咤商海的浙商代表。文澜讲坛特别注重请文化名师前来讲学。名师本身就是文化品牌，具有很强的吸引力，许多听众往往是为了一睹名人风采而赶来听讲座，同时名师往往有较强的交流能力和幽默风趣的语言，能给听众留下深刻印象，大大提高了讲座的品质。例如易中天教授2012年5月题为《先秦政治智慧》的讲座，通俗易懂，风趣幽默，使近1500位听众笑声连连，掌声不断；2008年2月赖声川导演主讲，是日，"500人的座位早就不够了，周围的空地上都加了座，还有不少人直接坐在报告厅的台阶上"[2]。除了以上两位名人，曾登临文澜讲坛的名家还有许多，包括曾在《百家讲坛》主讲的著名学者于丹在2013年5月作了《感悟中国智慧》的演讲；孟京辉、廖一梅夫妻在2011年4月为听众连诀"剖析经典话剧"；2008年近20位名师莅临，有曹禺的女儿、著名作家万方，傅雷之子傅敏，被称为"小于丹"的蒙曼，台湾地区言情小说家张小娴，指挥家卞祖善，台湾地区著名词作者方文山等等，这些讲师以多样的身份、迥异的性格、广博的知识、丰富的阅历、深厚的文化素养和自己对人生的感悟令听众一饱耳福，大开眼界。[3]

再次，注重自我宣传，提升品牌知名度。在每次讲座之前，文澜讲坛都注重做

---

[1] 贾晓东.浙江图书馆"文澜讲坛"走过十年.图书馆研究与工作,2012(3).

[2] 赖声川杭州亮相先讲演,预热 women 说相声.都市快报,2008-02-26.

[3] 朱小燕.拓展公益性讲座,提升公共图书馆品质——以浙江图书馆"文澜讲坛"为例.图书馆理论与实践,2010(7).

好前期宣传，通过网站、报纸、电台、电视台、门票、宣传册、海报、通告栏、横幅等方式预告讲座相关信息，还通过手机短信，对已自愿登记手机的长期听众提供讲座提醒服务，这在全国也属首创。在讲座中，工作人员会收集、整理讲座具体内容和讲师与听众的交流情况，由《钱江晚报》、《中国文化报》、《浙江日报》、《新华每日电讯》等平面和网络媒体报道，并制作成影音资料，或由各电视台播出及提供点播、或由网站提供互联网视频，还定时编辑成简报以供参考，其中有部分入选"全国文化信息资源共享工程"，全国读者免费在线观看名家大师的讲座。2007年8月，《文澜听涛：浙江图书馆"文澜讲坛"集一》由浙江古籍出版社出版，该书遴选了讲座中的13个系列共50篇，内容广泛，形式亲民，浙江省委常委、常务副省长陈敏尔为该书题词"学海无涯"，浙江省文化厅厅长杨建新为该书写序。至今，《文澜听涛》已出版了集二、集三和集四，大大提高了文澜讲坛的影响力。2008年，浙江图书馆联合市县图书馆，成立"浙江省公共图书馆讲座联盟"，将文澜讲坛的讲座服务延伸到各县、市。不仅每年都组织巡讲活动，而且为各地方图书馆推荐讲师，还经常开展业务研讨和培训活动。2012年4月，在文澜讲坛开办十周年之际，浙江图书馆举办了"纪念文澜讲坛举办十周年图片展览"、"浙江图书馆文澜讲坛创办十周年纪念座谈会暨图书馆讲座培训班"和"我与文澜讲坛"征文等活动，对十年来的工作作了一个小结，对文澜讲坛的社会教育功能、在公共文化服务体系中的自身定位、社会影响有了更深刻的自我认识，也为讲坛的未来发展规划了方向。

2013年5月4日，于丹《感悟中国智慧》讲座现场

公共图书馆，承担着社会终身教育的职责，图书馆公益讲座，面对大众日益旺盛的求知欲，为广大听众提供了一道道风格各异、内容不同的"文化快餐"。文澜讲坛坚持"公益性、开放性、亲民性"的原则，追随时代潮流变迁，把握国家政策和时政趋势，致力服务于广大市民的普遍需求，将之落实于讲座的策划、组织和实施各个环节，逐渐形成了文澜讲坛适时、应势、亲和、好听、规范、权威的品牌特性，受到了广大平民听众和媒体经久不衰的热情追捧，并得到了有关部门的肯定和褒奖。2007年，文澜讲坛获浙江省基层宣传思想工作"三贴近"创新奖；2009年，被省文化厅授予"优秀讲座品牌"；2010年，"浙江省公共图书馆讲座联盟"荣获省委宣传部"全省基层宣传思想文化工作'三贴近'优秀奖"。

三、浙江网络图书馆

浙江网络图书馆是以全省县级以上公共图书馆为成员馆的网络化数字图书馆。浙江省现有县级以上公共图书馆100余家，由于资源分布不平衡，经费短缺，缺乏技术、人才等等问题，使各地读者所能享受到的图书馆服务存在明显差异。浙江网络图书馆以浙江文化信息资源共享工程和全省公共图书馆的传统文献和数字资源为基础，以"共建、共享、共通、共赢"为目标，运用先进的网络技术，打破地域限制，为广大读者打造一个统一的、"一站式"资源和服务平台，其管理中心设在浙江图书馆。

进入21世纪以来，浙江省各公共图书馆数字化、网络化程度不断提高，广大读者对数字化资源的需求也随之不断增长。在网上看电子书，看视频听音乐，已经成为大众普及的阅览方式。然而由于传统的行政关系，各地图书馆的服务方式还保持着原有的各自为政的方式，在各图书馆进行数字化建设的过程中，重复建设的情况极为普遍；而另一方面，数字资源却无法得以共享，无法满足广大读者的需求。例如，在对杭州的8所公共图书馆所购数据库的调研结果显示，其中有4所购买了中国知网(CNKI)、5所购买了超星图书馆系统、2所购买了万方数据资源系统，另有2所购买了维普期刊。[①] 针对这种情况，从2008年起，浙江网络图书馆开始建设，它以全省文化共享工程建设的数字资源为基础，试图将全省各公共图书馆的文献资源与数字资源加以整合，建构一个全省统一的资源服务平台。

2008年年底，利用文化共享工程专项资金采购的北京超星数图信息技术有限

---

① 王舒月，姜超.区域性图书馆数字资源共建共享现状与问题研究——以浙江杭州市为例.图书馆论坛，2013(1).

公司的《读秀知识库》,被建成为浙江网络图书馆的基础平台,并在此基础上进行二次开发。首先,对市一级图书馆的馆藏目录进行挂接,然后完成读者认证接口的开发和定制,与各公共图书馆的自动化应用系统实现读者信息的共享和通讯,最后完成了共享数字资源和各馆购买数字资源的权限控制工作,通过一系列的定制开发和调试,浙江网络图书馆于 2009 年 5 月 26 日开通试运行。[①]

　　浙江网络图书馆试运行以来,采取了边建设、边投入、边服务和边完善的方法,不断推进系统平台的完善、数字资源的丰富和信息服务的优化工作,可提供 1.7 亿条中外文文献信息,260 万种图书书目信息,180 万种图书原文传递、6 亿页全文内容检索,1 万多种电子期刊、2000 余万篇论文原文传递或全文下载,2 万多部视频和众多地方特色数据库,以及浙江省公共图书馆馆藏目录信息,而且数据量还在逐日递增。所有浙江省公共图书馆局域网范围内的读者,利用注册用户或借书卡证号在平台统一登陆,即可使用共享资源和所在图书馆授权的数字资源。所有登陆读者可以阅读电子图书的试读页(10 页),通过浙江网络图书馆的馆际互借功能可以为读者在浙江省公共图书馆中提供异地借阅纸质文献服务。至 2009 年底,已覆盖全省各级公共图书馆和全省 45000 个共享工程基层服务点,全省 9 个市级馆和30 个县级公共图书馆的持证读者均可凭证访问网络图书馆。至 2010 年 3 月,累计服务读者已达 180 余万人。[②] 2012 年 1 月,浙江网络图书馆手机版开通试运行,读者凭浙江图书馆的读者证号以及浙江网络图书馆的授权账号即可登录。无论是苹果系统还是安卓或塞班系统的智能手机,都可通过无线网络进行目录检索、用户信息查询、在线续借、预约等借阅操作。

　　浙江网络图书馆推出“查”、“读”、“传”、“借”、“询”五种服务手段,为广大读者提供全面高效优质的文献服务:

　　“查”——“一站式”搜索为读者从 1.7 亿条中外文文献信息、260 万种图书书目信息、180 万种图书、6 亿页全文中找出所需要的信息。在线查询全省公共图书馆馆藏目录。

　　“读”——所有登录读者可以阅读电子图书的试读页;有权限获取全文的读者,平台提供图书全文、期刊论文、视频等文献的下载和在线阅读服务。

　　“传”——对于无权限直接下载全文的读者,通过平台提供的原文传递服务,可提供全文。

　　“借”——通过平台具有的馆际互借功能,为读者在全省公共图书馆中提供异

①　胡东,詹利华.浙江网络图书馆的实践与思考.图书馆学研究(应用版).2010(10).

②　胡东,詹利华.浙江网络图书馆的实践与思考.图书馆学研究(应用版).2010(10).

地借阅纸质文献服务。如在杭州图书馆找不到的纸质文献,可向其他成员馆发出借阅申请,一旦申请通过,对方馆将直接将文件邮寄给读者,读者只需付单程邮费。

"询"——除了平台为读者提供的文献服务外,浙江省联合知识导航网的专业人员为读者提供人工咨询和知识导航服务。

除了这些优质文献服务之外,浙江网络图书馆最主要优势体现在集成性和统一性,它集成了全省公共图书馆的数字资源和文献资源,面向读者,通过统一的服务窗口,通过内容聚合和统一认证,为用户提供图书馆个性化的信息内容和图书馆服务。通过浙江网络图书馆,浙江公共图书馆数字资源共享共建机制已基本形成,并仍在不断地扩展和建设中。截止到 2012 年 4 月,浙江网络图书馆作为一个"一站式"的资源服务平台,已整合并可向读者提供的资源有:

> 4.2 亿条中外文文献信息;
>
> 330 万种图书书目信息;
>
> 240 万种图书原文传递,10 亿页全文内容检索;
>
> 110 万种电子图书全文阅读;
>
> 7000 余万篇论文原文传递或全文下载;
>
> 8300 万条中文报纸文章阅读;
>
> 280 万条中文学位论文原文传递服务;
>
> 330 万条中文会议论文原文传递服务;
>
> 560 万条中文专利原文传递服务;
>
> 110 万条中文标准原文传递服务;
>
> 20000 多部视频,众多地方特色数据库;
>
> 浙江省公共图书馆馆藏目录在线数据[①]。

浙江网络图书馆自开通以来,受到广大读者的广泛好评,也得到上级有关部门的高度关注。2010 年,浙江网络图书馆作为"2009 年浙江省文化传播创新十佳网站"受到省委宣传部、省委外宣办、网宣办等七部门的隆重表彰。2011 年,浙江网络图书馆再次荣获省委宣传部"全省宣传思想文化工作'三贴近'优秀奖",入选"全省宣传思想文化'三贴近'创新 100 例"。

---

① 数据来自杭州图书馆"文澜在线",http://www.hzlib.net/Contents/zy_content.aspx?sid=258.

第二节　杭州图书馆及其服务理念

在杭州图书馆网站主页的"杭图介绍"中,它被谦逊地描述为一个"渺小"的图书馆:

> 对于一个有着优美风景和丰富文化遗产的城市,在著名的西湖、雷峰塔、灵隐寺的包围下,现代化的杭州图书馆新馆显得格外渺小。然而,就是这样一座"渺小"的图书馆,却以它独有的装修风格,创造出了一种让人着迷的阅读氛围;以它一流的设施设备,创新了图书馆的阅读体验;以它贴心的多元服务,提升着杭州市民的生活品质。

事实上,近年来凡到过杭州图书馆的人,不仅不会认为其渺小,反而多会因其外表的时尚大气、内饰的豪华现代、设备的先进快捷而留下深刻的印象。在互联网上,杭州图书馆被称为"浙江最豪华的图书馆"、"最温暖的图书馆"、"最舒适的图书馆"等等,从杭州市内到浙江省内,乃至全国范围内,都拥有很高的知名度。

杭州图书馆,始建于1958年,原址在青年路,后迁至浣沙路。2008年,杭图新馆在钱江新城的市民中心建成开放,建筑面积达5万平方米(其中新馆4.38万平方米),其中近90%的面积对读者开放,是目前国内开放比例最大的公共图书馆。馆藏文献210余万册,已逐步形成了以文史哲、艺术、法律、旅游、经济、教育、音乐为特色的馆藏体系。现为副省级公共图书馆,2003年成为国际图联成员馆。

一、"不拒乞丐"和平等服务的理念

"我无权拒绝他们(乞丐)入内读书,但您有权利选择离开。"这是杭州图书馆馆长褚树青曾经说过的话。由于杭州图书馆实行免费开放,因此有不少乞丐、拾荒者和外地民工进入图书馆读书,有些读者因不理解而向图书馆投诉,怕这会影响图书馆的整洁和阅读环境,褚树青馆长就是这样回答他们的。

2008年国庆前夕,位于钱江新城市民中心的杭州图书馆新馆正式开放,相关领导和其他图书馆业内人士都来参观考察,媒体有许多相关报道,其中《文汇报》在2008年11月18日刊登过记者万润龙的《豪华图书馆的平民取向》,文中赞扬了杭

州图书馆平民化的服务理念，并引用了上述褚树青馆长的小故事。2011 年 1 月，万润龙在报道数字图书馆的稿子中再次提到了这个小故事，被有心的网友发到微博上，没想到一时激起巨大反响，一天之内，这条微博被转发 15000 多次，评论 3873 条①。在此后一段时间里，有 100 多家媒体报道了杭州图书馆②，"不拒乞丐"成了杭州图书馆"平等、免费、无障碍"服务理念的一种标志，不仅杭州图书馆因此而在全国出了名，被称为"最温暖的图书馆"，连馆长褚树青也因为上述言论而在网上成为红人。

杭州图书馆平等服务的观念，源自国际公共图书馆业的共同理念。1994 年，联合国教科文组织发表了由国际图书馆联盟(International Federation of Library Associations and Institutions, IFLA)起草修订的《公共图书馆宣言》，宣言开宗明义地声明："自由、繁荣以及社会与个人的发展是人类根本价值的体现。人类根本价值的实现取决于智者在社会中行使民主权利和发挥积极作用能力的提高。人们对社会以及民主发展的建设性参与，取决于人们所受良好教育以及存取知识、思想、文化和信息的自由开放程度"。公共图书馆的目的和功能，就在于传播教育、文化和信息，它是促使人们寻找和平和精神幸福的基本资源，为个人和社会群体进行终身教育、自主决策和文化发展提供基本条件。这一宣言，明确提出了关于公共图书馆平等、公平、人性化的服务理念，具体表现在：其一，平等服务理念。"公共图书馆在平等的基础上向所有人提供服务，而不论年龄、种族、性别、宗教、国籍、语言或社会地位的限制，对任何不能享受正常服务和资料的用户，例如少数民族用户、残疾人、住院病人或被监禁者，必须向其提供特殊服务和资料。"其二，无偿服务理念。"公共图书馆原则上应该无偿提供服务。建立公共图书馆是国家和地方政府的责任，公共图书馆必须受到专门立法的支持，并由国家和地方财政拨款资助。"其三，人性化服务理念。整个宣言都渗透着人性化的服务精神，体现在图书馆的分布、建筑、服务制度、文献资源政策及图书馆馆员的态度等各方面的人性化服务。例如"图书馆服务必须适合乡村和城市社区的不同需求"、"必须制定馆外服务和用户培训计划，帮助读者从各种馆藏资源中获益"等③。

---

① 王丽，王湛.杭州图书馆馆长成红人：无权拒绝乞丐入内读书.钱江晚报.2011-01-20.

② 杭州图书馆因"不拒乞丐和拾荒者入内读书"这几天红遍网络——读书且取暖，请到"最温暖图书馆"，新华每日电讯，2011 年 1 月 21 日；拾荒者进图书馆并非传说——杭州图书馆，零门坎"最温暖"，人民日报，2011 年 1 月 21 日；其他许多报纸杂志和网络媒体在这一时期也有相关报道。

③ 曹海霞.谈公共图书馆公平全面服务理念——由杭州图书馆儒者乞丐皆欢迎引发的思考.图书馆，2011(3).

在欧美的图书馆界,公平全面的服务理念由来已久,英国、美国等国家的图书馆界都曾在 20 世纪发表过宣言,提倡通过公平全面的图书馆服务,来体现自由平等的人文精神。2008 年 2 月,中国图书馆学会发表了《中国图书馆学会服务宣言》,《宣言》首次明确了图书馆的目的和功能:"图书馆是通向知识之门,它通过系统收集、保存与组织文献信息,实现传播知识、传承文明的社会功能。现代图书馆秉承对全社会开放的理念,承担实现和保障公民文化权利、缩小社会信息鸿沟的使命",并申明了图书馆"对社会普遍开放、平等服务、以人为本的基本原则"。中国图书馆学会的这一宣言,在服务理念上与国际图书馆联盟的宣言完全一致,也是国内图书馆人行业自律性质的标志性文件。它表明我国的图书馆已成为当代世界图书馆界的一部分,其目的和功能,不再仅仅局限于传统图书馆的收集、整理和提供图书资源,而越来越具有服务社会的公益特征。

2008 年 5 月,全国 50 家城市图书馆在上海召开的"城市中心图书馆建设工作经验交流会"上,共同发表了《把公共图书馆建成城市教室和市民客厅——中国城市图书馆的未来发展愿景》,为城市图书馆的未来发展指明了具体的方向,其中包括:一,城市图书馆应当成为城市的时间、空间和价值观的体现;二,城市图书馆应当成为城市的教室,为每位市民铺设寻求知识信息的渠道,为各个年龄层次、各个社会群体、各个民族公民的终身学习提供基本条件;三,城市图书馆应当成为市民的客厅,为广大公众创造一个文化欣赏、生活休闲、信息共享、交流互动的基本免费的公共空间,使城市的文化生活更加丰富多彩;等等。

在图书馆界,平等首先意味着免费服务。在国际国内图书馆界共同追求平等公益的背景下,杭州图书馆在免费问题上走在了全国图书馆的最前列。2006 年 6月 1 日,杭州图书馆联盟发表《杭州地区公共图书馆服务公约》,规定杭州地区十家公共图书馆将全部对读者实行基本服务免费,杭州图书馆也成了全国第一家免费城市图书馆。

事实上,早在 2003 年,杭州图书馆就开始试行免费服务,当时新馆尚未开始建设,在浣纱路老馆,率先免费开放的是公共阅览室。只需提供身份证件,就可在阅览室阅读所有报纸杂志。由于浣纱路位于杭州的市中心,人流量特别大,"每天早上都有一些穷人把蛇皮袋放在门口,走进阅览室读书,一看就是一天,有的蛇皮袋里装的就是铺盖和简单的家当"①。

免费,说来容易,但实行起来却有相当的难度。原先的图书馆,除了按年度收取一定的服务费用之外,还要收取图书资料外借的押金。在《杭州地区公共图书馆

①　杭州图书馆不拒乞丐掀波澜,专家称推动城市民主.中国新闻周刊,2011 - 02 - 25.

服务公约》发表后,杭州图书馆就已免收年费,在基本意义上实现了免费。但要实现完全的免费,即免除外借押金制度,却遇到了相当大的困难。2006 年,杭图搬迁新址,召集专家论证制度改革,一个重要议题就是:"是否可以取消借书的押金制度"。许多专家认为,押金制度是图书馆"无法破除的一道门槛"。如果没有押金制度,如何保证外借的书能够如期归还?然而馆长褚树青认为:押金制度体现了对读者的不信任,而且把相当多的读者挡在了图书馆之外,是不符合图书馆的办馆宗旨的。同时,图书馆也应当有一笔专门的预算,弥补丢失图书的损失。

在"宁可让图书馆承担损失也要服务读者"的宗旨下,2007 年起,杭州图书馆开始全面免费开放,即所有人不仅可以免费进馆阅览,而且可以免费借阅一定数量的书籍,只需凭市民卡或杭州市民身份证(目前对外地身份证办理借书卡仍需收取100 元押金)。

全面免费,是图书馆平等服务理念的重要体现。在收费时代,虽然绝大多数国内图书馆收取的服务费和押金并不高,但它代表了一道无形的"门槛",把一些弱势群体排除在了服务对象之外。杭州图书馆撤除了这道"门槛",公开清楚地表明了其"儒者乞丐皆欢迎"的态度,在公共文化服务平等化的过程中迈出了重要的一步。

在图书馆界,平等不仅意味着免费,也意味着开放。杭州图书馆新馆开放面积达到近 4 万平方米,占全馆面积的 90%,是国内图书馆中开放面积比例最大的。相比国内其他图书馆,如上海图书馆总面积 8.3 万平方米,对外开放面积 1.5 万平方米;首都图书馆总面积 3.7 万平方米,对外开放面积 1 万平方米;浙江图书馆总馆总面积 3 万平方米,对外开放 1.5 万平方米;杭州图书馆实行了最大限度的开放,这一举措与国际图书馆发展的潮流相接轨,也是实现"市民图书馆,平民大书房"目标的重要部分。

图书资料的全方位开架,也是向全体读者开放的一种方式。钱江新城的杭州图书馆新馆共有地下一层、地上四层,从一楼到三楼都是开架式的,设有报刊/图书/光盘借阅区、专题文献区、儿童借阅区等,共设有 2200 余个阅览座位,利用书架和沙发作"软隔离",让馆内各功能区域既有区分,又无障碍贯通,部分区块还作了"书房式"布置,按私家书房打造,书架、台灯设计浑然一体,为读者创造全新家居式阅读体验。

在各种意义的开放之中,最本质的开放莫过于向全社会所有人敞开大门。对拾荒者、流浪者等弱势群体不歧视,不拒绝,向他们敞开大门并提供平等热情的服务;此外,杭州图书馆的全面开放更体现在对不同年龄层群体的开放上。杭州图书馆向所有中小学生开放,附近的许多中小学生在节假日放学后都会去图书馆看书或自修,有些中小学生还当上了志愿者,义务为图书馆里的读者服务①。同时,杭州图书馆新馆还设立了低龄幼儿阅读区,向低幼儿童充分开放,真正实现了对从 0 岁到 100 岁读者的全面服务。②

二、"文澜在线"和数字图书馆

数字图书馆(Digital Library)是用数字技术处理和存储各种形式文献的图书馆,实质上是一种多媒体制作的分布式信息系统。它把各种不同载体、不同地理位置的信息资源用数字技术存贮,以便于跨越区域、面向对象的网络查询和传播,它常常被通俗地称为虚拟图书馆或者没有围墙的图书馆。由于数字图书馆是一个近几十年才出现的全新领域,因此从对它定义到它所涉及的范围、规范、技术、管理方式、伦理问题等都尚未形成完整公认的标准,它既是一项新兴的科学技术,也是一项全新的社会事业。简言之,数字图书馆是一种拥有多种媒体内容的数字化信息资源,能够为用户提供方便、快捷、高水平的信息化服务。

随着网络技术和信息处理技术的发展,传统意义上的图书馆发生了很大的变化。主要在两个方面:一是馆藏文献的形式变化。由原来以文字资料为主转化为文字、图形图像、动画、声音、视频等各种形式的信息资料,多媒体甚至全媒体文献都成了现代图书馆收藏和提供服务的内容。二是传播方式的变化。由原来读者进入图书馆借阅藏书,转化为可以在任何时间、任何地点,通过互联网、电信、广播电视网来进行资料查阅。由传统图书馆向现代图书馆的转向,是一个无法回避的巨大挑战。

自 20 世纪 90 年代以来,英、法、德、意、俄等西方国家以及亚洲的日本、新加坡等国纷纷提出各种数字图书馆计划,相继投入巨额资金建设本国的数字图书馆。数字图书馆已成为国际高科技竞争中新的制高点,成为评价一个国家信息基础设施水平的重要标志③。1996 年,在北京召开的第 62 届国际图联(IFLA)大会上,数字图书馆成为该会议的一个讨论专题,IBM 公司和清华大学图书馆联手展示"IBM 数字图书馆方案"。1997 年 7 月,"中国试验型数字式图书馆项目"由文化部向原国家计委立项,成为国家重点科技项目,由国家图书馆、上海图书馆等 6 家公共图书馆参与,该项目的实施是中国数字图书馆建设开始的标志。1999 年,国家"863"

---

① 陈瑶.他们是年龄最小的义工.青年时报,2009-04-04.
② 曹霞霞.谈公共图书馆公平全面服务理念——由杭州图书馆儒者乞丐皆欢迎引发的思考.图书馆,2011(3).
③ 王敏.发展中的数字图书馆以及相关问题.大学图书情报学刊,2003(1).

计划重点项目——"中国数字图书馆示范工程"开始启动，这是一个由国内许多单位联手参与的大文化工程，首都图书馆成为"中国数字图书馆工程首家示范单位"。这标志着中国数字图书馆工程进入实质性操作阶段。

在中国数字图书馆的建设中，作为一个市级图书馆，杭州图书馆的"文澜在线"无疑走在了前列。建于清乾隆年间的文澜阁书院，坐落于杭州西湖孤山南麓，是清代为珍藏《四库全书》而建的七大藏书阁之一，也是江南三阁中唯一一幸存的一阁。杭州的数字图书馆以"文澜"为名，正是取继承和发扬杭州文化传统之意。2002年，杭州图书馆以社会募捐的13万元作为启动资金，开始"文澜在线"的建设之路，它的正式运行是杭州图书馆数字化建设的开端。起初，它只是一个互联网上的图书馆网站，其功能只有简单的资料检索、网上续借、信息发布等，之后的几年，杭州图书馆陆续进行了以杭州地方风物为内容的馆藏文献数字化，并购买了中国知网CNKI等多个数据库，进一步丰富馆藏数字资源，拓展服务内容和手段，目前已基本形成了以"三网联合"为基础的数字图书馆建设框架，将数字电视平台、智能移动终端平台等多处网站平台整合成多平台的综合性杭州数字图书馆——"文澜在线"。至今为止，"文澜在线"已拥有相当强大的数字资源：网站平台提供用户数字资源48.42T，其中外购库26个、特色资源库17个、出版刊物10种等；馆藏音视频资源200多个，超过100G；华数宽频提供最新的影视资源，电视剧600多部、电影960多部、高清91部、综艺8000多部、视频短片17000多部等，总共约8T。手机平台提供最新近3000种在线杂志。电视图书馆现提供69个主题系列的视频资源，每个系列20集，总共约1.79T[①]。

"文澜在线"现通过三个平台提供多维服务：

一是互联网平台。互联网平台首先能提供检索馆内资源的服务。包括书目查询、续借、预约等图书馆传统服务项目。其次，文澜在线提供数十个数据库的检索、查阅、下载等服务，包括方略学术评价数据库、就业培训及终身学习库、瀚堂近代报刊、新东方多媒体学习库、OCLC数据库、库客(KUKE)数字音乐图书馆、中国知网CNKI、超星电子图书馆、国研网数据库、起点自主考试学习系统、中国年鉴资源全文数据库等等，涵盖多学科、多方位、多层次，是集中体现现代图书馆文献收藏、文化传播、社会教育和信息服务等功能的综合性重要平台。文澜在线还拥有一些特色数字资源，如地方文献数据库、杭州美食数据库、良渚文化特色数据库等，具有鲜明的杭州地方特征。再次，文澜在线还随时发布各种相关文化资讯和招生信息，包

---

① 以上数据来自杭州图书馆"文澜在线"网站，http：//www.hzlib.net/about.aspx？ITID＝116&iid＝71.

括杭州图书馆组织的各项活动,杭州市内文化活动,以及国内外相关文化活动的资讯。

二是手机平台。随着智能手机的普及和 GSM、CDMA、TDMA、3G 等各种通讯网络的发展,通过 Wap 可以在手机等各种无线终端设备进入 Internet 网络,流畅无阻地接收和发送信息。使用手机阅读图书,是当代人阅读习惯的一个新特点,这种阅读方式在中青年人群中相当普遍。人们可以利用各种"碎片时间",如乘车、排队、等候时进行阅读,不仅方便快捷,而且具有多样的选择。目前提供手机在线阅读和下载的多是一些读书网站,如起点中文网,新浪读书网,等等,这些网站提供的文本以小说为主,内容良莠不齐,并多要收取一定费用。公共图书馆进入这一领域,为广大读者提供优质免费的服务,已经是一个迫在眉睫的任务。

杭州图书馆现已开通手机图书馆,或称移动图书馆,是文澜在线的一个组成部分,网址是 http：//m. hzlib. net /wapopac,读者使用 3G 手机上网或具有 GPRS 上网功能的任何一部手机,都可以在馆内外自如地访问文澜在线移动图书馆。目前手机图书馆可使用的功能包括：1. 检索功能。可查询杭州图书馆馆藏书目。2. 读者自服务功能。读者可通过输入在杭州图书馆办理的借书证账号和密码,进入"个人空间",查询借阅信息,进行图书续借、预约等操作。3. 信息发布和活动预告功能。4. 阅读数字杂志。"文澜数字杂志"提供了近 3000 种数字化杂志,读者可免费阅读。5. 互动功能。手机图书馆主页设有"投诉"和"建议"栏,读者可在登录后在这两个栏目中向图书馆提出自己的意见,这为图书馆与读者之间的沟通提供了一个便捷的渠道。

三是数字电视平台。在当代各种形式的传媒之中,电视无疑是最常见最普及的,因此通过电视阅读也是未来阅读方式的一种。图书馆与数字电视的结合,在许多方面具有天然的优势,如音频、视频文献的存储、处理和播放等等。

文澜在线与华数数字电视集团联合推出数字图书馆,在华数电视首页全媒体栏目中,有"文澜在线"选项,点击进入,可选择图书检索、个人空间、心随阅动、数字杂志、视听专区、活动预告等栏目内容,提供的服务包括：书目查询、预约续借;信息发布、活动预告;2000 余种电子期刊的阅览,并定期更新借阅排行、新书推荐。

与手机图书馆一样,文澜在线电视图书馆正在不断地建设和完善中,服务内容正不断增加,可供读者使用的资源正在不断丰富,特别是图片、音频、视频资源,使读者们可以足不出户,就能享受到更丰富、更便捷的文化服务。

"三网合一"下的杭州数字图书馆,通过多平台、多终端、开放性,无时空限制地整合社会资源,市民通过网站、手机、电视都可以进入杭州数字图书馆尽情借阅,实现把杭州图书馆这个"市民大书房"搬回读者家中的构想①。同时,数字图书馆也是全国文化信息资源共享工程的一个重要组成部分②。杭州数字图书馆——"文澜在线"是全国文化信息资源共享工程的一个支中心,承担着将数字图书馆的资源传递到千家万户的重任,在大杭州城乡一体化的过程中,对满足不同层次人群的文化需求、进一步缩小城乡差距、构建社会主义和谐社会等发挥着重要作用。

三、"一证通"与图书馆网络

"平等、免费、无障碍"是杭州图书馆的追求目标,也是全球所有公共图书馆的共同理念。在公共图书馆服务中,这三者从根本上是一致的,"平等"的观念是服务的基本前提和原则,而"免费"和"无障碍"是具体的实施要求。其中,"免费"是要向全社会所有人无偿提供服务,而"无障碍"则更是要将这种服务以方便快捷的方式来提供,让人们没有任何阻碍地获得这种服务。如何在全市范围内建立一个图书馆服务网络,让广大读者方便快捷地借阅和归还图书馆的图书,让城市居民与边远地区的村民都能享受到高质量的公共图书信息服务,真正享受到"生活品质之城"的实惠,是杭州图书馆正在探索的问题和承担的任务。

在发达国家中,社区图书馆的建设,无论在理论还是实践上,都已有了较长的发展历史。我们的一些亚洲近邻,也给我们提供了很好的榜样,例如新加坡图书馆很早就开始采用"一卡通"自助借还书网络系统,除了国家参考图书馆的文献不外借外,读者可凭免费办理的借书证在其他任何一个图书馆借书,也可以在任何一个图书馆还书。借书手续非常简便,读者利用自动借书机,按屏幕上的指标简单地操作两三个步骤就可完成借书过程。借书机随即打印出借书凭据,上面详细记载着借书时间、地点、书名、书号、应还日期等款目。还书可在 24 小时全天候进行。读者不用进馆,只要将书放入大门外墙处一个还书口就可,书由传送带自动送由计算机处理。不仅如此,图书馆的自动化系统还有一项功能,那就是读者每次借的书,电脑都会存入借阅信息,自动分析读者的阅读兴趣。等图书馆购进这类书时,电脑

---

① 杨向明,寿晓辉.全媒体时代图书馆建设与服务创新——以杭州数字图书馆"文澜在线"为例.河南图书馆学刊,2012(2).

② 全国文化信息资源共享工程,是由文化部、财政部共同组织实施的一项国家文化创新工程、文化惠民工程和我国公共文化服务的基础工程,2002 年开始实施,是国家"十一五"期间重点实施的公共文化工程。该工程主要是利用现代信息技术,将中华优秀文化信息资源进行数字化加工和整合,并通过覆盖全国城乡的网络管理和服务体系,实现文化信息资源在全国范围内的共建共享。

就会自动提醒读者,并附有书目供参考。

2003年起,杭州图书馆开始创造性地设计、规划、实施"图书信息服务一证通"工程,并以此为基础,构建起以"中心馆—总分馆制"为模式的全市公共图书馆四级服务网络,建立了杭州地区公共图书馆文献保障体系。所谓"一证通",就是由杭州图书馆牵头,依托"文化共享工程",建立以杭州市图书馆为中心,区、县(市)图书馆为分中心,街道(乡镇)图书馆为分基层中心,小区、村图书馆(室)为基层服务点的四级图书信息网络体系。利用互联网,采用计算机虚拟专网 VPN 技术,借助图书自动化管理软件,在服务网内任何一个点,都可以凭一张图书卡实现通借通还的制度。以此形成公共图书馆服务联盟,达到信息互补和共享①。经过6年多的努力,一个内容丰富多元、网点布局合理、文献通借通还、资源共建共享、服务高效便捷的城乡一体的公共图书馆文化服务体系已基本建成,公共图书馆服务已遍及全市。截止到2010年5月,杭州市已建立区、县(市)馆11家,基层服务点近2000个,2009年全年服务人次近200万,流通文献近180万册次。同时建有棋院分馆、佛学分馆、盲文分馆、印学分馆等6个专业性分馆,充实服务体系,提升服务专业性②。

杭州图书馆的"一证通"服务模式,在国内市级图书馆是一个先行者,是提升市民文化生活水平的公务文化服务的重要部分。首先,读者在任何地点可自由享受图书信息服务,实现了"十五分钟文化圈"。在这个关于"市民大书房"的构想中,社区服务点是至关重要的一环,市民走出家门,只要步行15分钟就可以到达一个能提供图书借阅服务的窗口,在这个窗口里可以享受到网络中所有图书馆的资源。读者在家门口的图书馆(或任一服务点)从文献检索系统进入,可看到某文献在网络内各机构的收藏或使用状况并进行预约,还可此地借、彼地还,并可享受点菜式图书信息预约快递服务,48小时内读者可在最近的服务点上获取预约的图书,实现"通借、通还、通阅"。

其次,图书资源得以整合,读者通过网络查询预约,可以在任意服务点借还杭州市各家正常运行的公共图书馆和特色图书馆的馆藏资源,包括杭州图书馆、杭州少年儿童图书馆、萧山图书馆、余杭图书馆、富阳图书馆、临安图书馆、建德图书馆、淳安图书馆、桐庐图书馆、西泠印社印学图书馆、杭州成人科技大学图书馆等,"一

---

① 罗京萍.杭州地区公共图书馆"一证通"模式的探讨与实践.图书馆理论与实践,2008(5).

② 数据来自杭州图书馆"文澜在线"网站,http://www.hzwh.gov.cn/ggfw/whcg/tsg/200902/t20090210_46454.html.

证通"工程还整合了已有的全国文化信息资源共享工程、全国农村党员干部现代远程教育系统、浙江省"东海明珠"工程；整合了所有网络内图书信息服务机构的资源，并实行共享。从成本核算来看，"一证通"所产生的实际效益，远远超过各成员单位自行建设所能达到的水平。

总的来说，"一证通"工程的绩效主要体现在保障了公众获得基本公共文化服务权益，大幅度增加了图书信息服务的覆盖面，实现了图书馆资源共享及利用的最大化，使基层图书馆也成为市、县图书馆的重要服务节点和服务体系中的有机组成部分，促使城乡高度融合，做到"平等、免费、无障碍"服务，提高了杭州人的生活品质。文化部对"一证通"工程给予了高度的评价："杭州市文广新局具有战略眼光，城市中心图书馆的服务向基层延伸具有时代意义。"

第三节　萧山图书馆和农家书屋

在杭州的八个区之中，萧山区农村面积较大，在其 28 个下属行政区划中，有 17 个镇，共 411 个行政村，农村人口共 72.22 万人，占户籍人口总数的 58.8%。从总体上来讲，萧山区是一个以农村为主的区。由于各种原因，农村在精神文化生活方面和城市还有一定差距，广大农民的文化需求在很大程度上得不到满足。萧山图书馆主导建设的"农家书屋"工程，为改善农民"买书难、借书难、读书难"的问题，切实提高农民的文化生活水平，做了许多实际工作和理论尝试，是杭州城乡一体化进程的重要部分。

一、农家书屋的由来

农家书屋，顾名思义就是设在村里的小图书馆。由于长期以来，我国农村的公共服务设施相对缺乏，公共图书馆这个概念对于广大农民而言距离遥远。农民们想要买书或者借书，至少要跑到县城甚至更远的地方。改革开放以来，城市图书馆的规模和软硬件都得到了巨大的改善，但农村地区"买书难、借书难、读书难"的问题，仍没有得到解决。根据 2007 年的调查，农民人均购书量不足 0.1 册/年[①]。

2003 年至 2005 年，国家启动送书下乡工程，由文化部、财政部共同实施，国家

---

① 农家书屋工程　服务新农村建设——全国人大代表、新闻出版总署署长龙新民就今年出版工作三项重点答中国新闻出版报记者问.中国新闻出版网,2007－03－08.

图书馆具体承办。目标是向 300 个国家级扶贫开发工作重点县图书馆和 3000 个乡镇图书馆(室),赠送农村适用图书 390 万册。每年为每个县图书馆送书 1000册,3 年合计 3000 册;每年为每个乡镇图书馆(室)送书 330 余册,3 年合计 1000册。另外,各级地方政府都拨专款支持这一工程,还有一些单位、群众个人也自发捐款捐书组织送书下乡活动。例如杭州市专门为这一工程设计订造了 48 辆流动图书车,配置给桐庐、临安、建德、淳安等欠发达地区,用以定时定点送书下乡,定期更换图书,图书车还具有各类科普安全宣传展览、宣教、文化信息共享资源播放、数字电影放映等诸多功能。①

　　然而,送书下乡工程直接面对的是老少边穷和中西部地区,重点是解决贫困地区县图书馆、乡镇图书馆(室)藏书贫乏、购书经费短缺的问题,因而对于杭州广大较富裕地区的农村并未惠及。事实上,杭州地区从经济发展角度而言,在全国虽属先进行列,但农村的文化生活依然匮乏,特别是看书难问题,依然没有解决。另外,送书下乡工程所配送的书籍,多采取专家选书、集中采购、统一装帧、直接配送的方法,配送图书使用统一设计的封面,印有"文化部、财政部送书下乡工程"字样及专有标识,内容以科普知识、农业科技、实用技术、法律知识等为主,种类相对较少,现已很难满足受过良好教育的新一代农民日益增长的精神需求。

　　根据《国家"十一五"时期文化发展规划纲要》的部署和要求,2007 年 3 月,新闻出版总署会同中央文明办、国家发改委、科技部、民政部、财政部、农业部、国家人口计生委联合发出了《农家书屋工程实施意见》,开始在全国范围内实施"农家书屋"工程,计划在"十一五"期间在全国建立 20 万家"农家书屋",到 2015 年基本覆盖全国的 64 万个行政村,在全国农村逐步建立起"供书、读书、管书、用书"的长效机制。农家书屋是由政府组织建设、农民自主管理的、能提供农民实用的书报刊和音像电子产品阅读视听条件的公益性文化服务设施。根据《实施意见》,每一个农家书屋原则上可供借阅的实用图书不少于 1000 册,报刊不少于 30 种,电子音像制品不少于 100 种(张)。

　　农家书屋的总体思路是:由政府组织建设,鼓励社会捐助,农民自主管理,创新机制发展②。其领导组织工作由新闻出版总署会同八部委联合成立"农家书屋"工程协调小组,负责审定全国"农家书屋"工程总体规划、实施方案和相关政策,组织、协调、指导"农家书屋"工程建设。由省级及以下新闻出版行政部门负责组织和实施各地区具体的工程建设。

---

① 48 辆流动图书车送书下乡.杭州日报,2008 - 12 - 24.

② 新闻出版总署和八部委.农家书屋工程实施意见.2007 - 03.

"农家书屋"工程是全国农村公共文化服务体系建设的重要组成部分,是一项惠及广大农民群众的民心工程。自工程实施以来,得到了各级政府的高度重视,也受到了基层干部群众的热烈欢迎和积极参与。截至2012年8月底,农家书屋已覆盖全国具备条件的行政村,提前三年完成了"农家书屋村村有"的任务。全国共建成达到统一规定标准的农家书屋600449家,投入资金180多亿元,共计配送图书9.4亿册、报刊5.4亿份、音像制品1.2亿张、影视放映设备和阅读设施60多万套,丰富了农村的文化生活。农家书屋工程建设还带动了社区书屋、职工书屋、农民工书屋、连队书屋的建设。到目前为止,基层书屋也已达到9万多家,有力地缓解了基层群众读书难、看报难的矛盾①。

二、萧山图书馆与农家书屋

"农家书屋"工程是由国家新闻出版总署会同八部委联合组织和领导的,在各地的具体规划和实施中,地方图书馆特别是区县级图书馆,由于其在资源、管理等方面的优势,则往往承担起了"农家书屋"建设和维护中的实际主导者,而"农家书屋"则实际上成为基层图书馆的一个部分②。

1. "农家书屋"与镇、村级图书馆

从政策上讲,"农家书屋"是由各地政府规划主导、农民自主管理的,因此地方图书馆并不是该项工程的绝对主导。但地方图书馆的缺位,使"农家书屋"在建设中出现了许多问题,如资源难以共享、经费无法保障、业务协调困难、管理人员得不到技术培训等等,这些问题使得"农家书屋"很难建立完善的长效机制。萧山图书馆在萧山区人民政府的支持下主动介入"农家书屋"的建设和管理,为地方公共文化服务的建设做出了有益的尝试。

从2008年起,萧山区开始启动全区公共图书馆服务连锁体系建设,旨在建设与城市发展相适应、相配套的公共图书服务体系,初步形成以萧山图书馆为总馆,镇(街道)图书馆为支馆,村(社区)图书馆为分馆,图书流通车为补充的地区图书馆

---

① 农家书屋提前三年村村有.农民日报,2012-09-28.

② 有关区县级图书馆在"农家书屋"建设中所应承担的任务及职责范围等相关研究,近年来成果颇多,如张明芳,《试论公共图书馆如何为农家书屋建设服务》,载《江西图书馆学刊》2009年第4期;王淑杰,《发挥公共图书馆作用,推动农家书屋建设》,载《科技情报开发与经济》,2008年第11期;朱川连,《农家书屋建设调查分析报告》,载《国家图书馆学刊》,2008年第4期;孙勤,《区县公共图书馆主导"农家书屋"工程建设的实践与思考——以杭州市萧山区"农家书屋"工程建设为例》,载《图书馆》2013年第2期,等等。

服务网群,实现图书资源在全区范围内"通借通还,资源共享",做到"一证在手,借遍萧山"。这一工程被称为"4341"工程,即每个镇(街道)支馆达到 4 个 3 的标准:藏书量(包括电子读物)不少于 3000 册,报刊不少于 30 种,阅览座位不少于 30 个,计算机不少于 3 台;每个村(社区)分馆达到 4 个 1 的标准:藏书量(包括电子读物)不少于 1000 册,报刊不少于 10 种,阅览座位不少于 10 个,计算机不少于 1 台。至2010 年底,萧山图书馆共建成 29 家镇(街道)级支馆,村(社区)级分馆 521 家,累计投入资金近 800 万元,已经形成了一定的品牌效应和辐射效应,取得了良好的社会效果。

2011 年末,随着全国"农家书屋"工程的进展,萧山区开始着手在全区 411 个行政村、70 个转制社区推进"农家书屋"工程的建设。为实现资源整合,避免重复建设,萧山区人民政府决定将农家书屋与图书馆分馆合并建设,由萧山图书馆承担起该项建设主要任务,并建立了带有地方特色的建设模式:

(1)统一标识:规范统一的标识系统是萧山区公共图书共享连锁体系的整体形象,所有的"农家书屋"须统一使用"萧山图书馆 XX 分馆"的名称,并与"农家书屋"的牌子并列在大门口,馆内各项标识规范统一,特色分馆原则上保持基本格调一致。

(2)统一平台:全区所有的"农家书屋"采用总馆认可的同一业务管理系统,确保业务工作的顺利开展,实现技术统管地区图书馆网群的联动和创新。

(3)统一资源:文献资源由总馆统一采购,集中编目,统一调配,定期轮换。在实现资源共享的前提下,凸现特色。可根据当地产业优势、地域特点和人文环境等因素确定"农家书屋"特色,如花木、钢结构基地等,在满足常规服务外,突出各自的个性化服务。

(4)分级管理:"农家书屋"开放运行的日常行政事务由属地政府管理,业务必须集中于总馆管理,以保证业务工作的统一和顺畅,突出各自的个性化服务。

(5)分散服务:在全区范围内所有的"农家书屋"之间通借通还,资源共享,实现"一证在手,借遍萧山"[①]。

萧山图书馆对"农家书屋"建设的参与和主导,给该项工程注入了强劲的活力,为"农家书屋"的未来可持续的运行和发展打下了良好的基础。将"农家书屋"作为区图书馆的支、分馆建设的模式,也为基层公共服务设施的建设和保障提供了一个可参考的样板,也为基层图书馆自身的发展提供了一种全新的思路。

---

① 　孙勤.区县公共图书馆主导"农家书屋"工程建设的实践与思考——以杭州市萧山区"农家书屋"工程建设为例.图书馆,2013(2).

2. "农家书屋"的运作和发展

"农家书屋"工程是在浙江省、杭州市、萧山区各级人民政府的高度重视下进行的。2010年杭州市文化广电新闻出版局联合杭州市文明办、杭州市发展和改革委员会、杭州市科学技术局、杭州市民政局、杭州市财政局、杭州市农业局、杭州市人口和计划生育委员会发布了《关于加快推进我市农家书屋工程建设的意见》，要求"每个农家书屋原则上配置可供借阅的图书不少于1200种、1500册，报刊不少于30种，电子音像制品不少于100种(张)"，这一建设标准远高于国家新闻出版总署规定的"可借阅图书不少于1000册"的标准。根据该《意见》对"农家书屋"建设进度的要求，杭州市的1600余个行政村中，到2011年底以前应该完成70％的行政村(社区)农家书屋的建设。到2012年6月底前，农家书屋全面覆盖杭州各乡镇和行政村。

为了完成计划任务，萧山区人民政府将农家书屋建设列为2012年政府十大实事工程之一，成立了由分管副区长担任组长的"农家书屋"工程建设领导小组，落实工作责任，建立工作制度，形成了政府推动、图书馆为主导的建设机制，落实场地、设施设备，切实做好工程建设工作。

根据2011年11月最新调查结果，全区29家支馆、521家分馆中，共有藏书30余万册，藏书量基数普遍不足，镇(街)支馆平均藏书4300余册，作为村(社区)分馆的农家书屋的藏书量平均为350余册。人员配备也较为薄弱，农家书屋管理人员往往由村宣传委员或其他人员兼任，普遍年龄偏大、文化水平偏低，开放时间也不能保证，导致书屋利用率不高。

2012年初，萧山区文广新局和萧山区财政局联合发布《关于有关镇、街农家书屋购书经费分配的通知》，进一步落实了农家书屋建设的购书经费，当年共预算1380万元专项于各镇、街道农家书屋购书，经费按财政体制分级承担原则加以落实，区和镇街各承担50％。按照这一预算，各镇支馆藏书量将基本达到平均2万册，村分馆将达到1500册的标准。同时，"通借通还、资源共享"的运作模式极大地提高了农家书屋的资源利用率，萧山图书馆根据各村实际情况，灵活安排书籍轮换周期，使每个农家书屋的资源都能定时得到更新。此外，农家书屋作为基层公共服务的一个窗口，不仅可以读书、看报、浏览电子读物，还成为文化信息资源共享工程最基层的服务点，政府信息公开的最基层查询点，萧山区地方文献的最基层征集点，湘湖讲堂的最基层讲座点。

"农家书屋"要求专人管理，在2011年，全区411个行政村和70个转制社区所需的481名专职村级宣传文化员的招聘工作已全面完成，2012年全面上岗，萧山图书馆承担了这些人员的培训任务。培训形式多样，不仅有集中面授式的培训，也有通过互联网的远程授课。由馆内的资深馆员编写有关图书馆工作的简要教程，并亲身示范制作成视频教材，放在萧山图书馆的业务管理系统网络上，农家书屋管理人可凭自己的工作证密码进入学习，完成后通过一定的考核。这些年轻人中许多都受过高等教育，文化素质高，通过培训都能切实地承担起基层图书管理员的职责。

萧山是一个外来人口众多的地区，据2011年底的统计，萧山有户籍人口共123万，而留居半年以上的外来人口有89万，其中绝大多数是外来务工人员。这些人群，文化生活较为贫乏，对各种文化活动和娱乐活动的需求旺盛。农家书屋不仅无差别地对他们开放，而且还辐射到农村社区之外的工业企业。萧山图书馆发起了"文明幸福新萧山，读书声里是我家——萧山图书馆农家书屋工程建设走进村企"的倡议书，整合原有的企业阅览室成为农家书屋的组成部分，享受农家书屋"通借通还，资源共享"的便利，大大方便了外来务工者群体的阅读活动。在2012年"4·23图书节"，萧山图书馆还在外来务工人员子弟学校开展了丰富多彩的阅读活动，赋予了农家书屋工程以新的服务内容。

经过多年的发展，萧山区的农家书屋工程已初具成效，至2012年，已建成的软硬件设备达标、功能完备的农家书屋551家；开放时间均达到35个小时以上；图书借阅总量也逐年增加；农家书屋正在成为广大农村读者的精神家园。

3. 一个普通的农家书屋——戴村镇三头村农家书屋的情况

戴村镇三头村位于萧山区南部，03省道傍村而过，云石溪依村流入永兴河，是一个交通便捷、景色怡人的地方。2005年由大湖头、凌桥、墙头三个自然村合并组成，区域面积2.18平方千米，全村现有常住人口2460人、外来人口2450人、农户664户。[①] 三头村地处集镇，产业以三产和商贸服务业为主，农业产业主导地位已经消失。村里投资500多万元建造综合楼，并通过招租形成了商贸中心；投资600多万元建造标准厂房，形成了村级工业区，为私营企业提供了生产经营的发展空间。目前，全村共有企业42家，全村可分配收入250万元，人均收入12500元；先后获得省级文明村、四星级民主法制村、卫生村、村民模范自治村、社会治安安全村等荣誉。

为更好地满足群众的文化需求，提高村民的整体素质和生活质量，三头村投入30万元建造了400多平方米的村文化活动中心，改善了电视室、乒乓室、棋牌室等硬件设施。为丰富附近村民和外来务工人员的业余生活，自2009年起，文化中心专门配置房屋，筹建萧山图书馆戴村镇三头村分馆（即农家书屋），新添电脑40台，

---

① 本节相关数据来自任金贤《戴村镇三头村图书分馆2011年工作汇报》。

创建工会"职工电子书屋"，让本村村民免费借阅图书，外来务工人员可凭居住证或者单位介绍信办理借书证，免费借阅图书和上网学习，还设专职管理员，通过互联网能在全区范围内所有图书馆之间"通借通还"。此外，村里还专门为农家书屋订阅种类丰富的报纸杂志。

为了保证农家书屋的正常运行，村里专门制定了相关的制度和规范，安排专职人员管理村文化设施。村图书管理员定期参加萧山图书馆组织的专业培训，以熟练图书管理网络操作，提高业务能力，并做到农家书屋的定时开放，在戴村镇 22 个行政村之中，三头村农家书屋是开放时间最长的农家书屋之一，对每天出入的图书及时登记上架复位。至 2012 年，三头村农家书屋共办理借书证 1500 余张，月平均读者流量 900 余人，年图书流量 6500 余册，并做到每三个月与萧山图书馆轮换更新图书一次。

农家书屋还利用图书馆平台，开展各种形式的文化活动。每年的"春泥计划"行动、"假日学校"活动都安排在农家书屋开展，为未成年人营造了良好的读书学习氛围。此外，三头村农家书屋还与萧山区戴村分院达成"联合办班合作协议"，定期为职工进行电脑知识培训。

目前，戴村镇 22 个农家书屋均已通过区有关部门的验收，全镇藏书量达到46684 册，超额完成了任务，切实解决了村民买书难、借书难、看书难的问题。三头村农家书屋还被省总工会、省文化厅授予浙江省文化信息共享工程进企业"职工电子书屋"，并连续两年被评为杭州市"一证通"工程优秀基层服务点。

第三章　杭州市的博物馆

　　杭州是中国六大古都之一,早在 1982 年就被国务院命名为国家第一批历史文化名城。世界上凡被誉为历史文化名城的城市,多拥有大量博物馆,通过博物馆向公众展示其独特的历史人文风貌,如伦敦的大英博物馆、法国的卢浮宫、罗马的国立博物馆等等。今天的杭州,各种类型的博物馆遍布大街小巷,还有风景名胜和古代文化遗址所在地,它们凝聚着杭州历史的精华,延续着地方人文的传统,散发着历史文化名城的悠长芳香。据 2012 年底统计,杭州经登记注册的各级各类博物馆(包括各类行业博物馆、非国有博物馆)已达 100 余座。按户籍人口计算,平均每 10 万人拥有一座博物馆,居于全国前列①。杭州市博物馆(院)藏品资源也相当丰富,共计 40 万件之多,定级一、二级的藏品数量超过 2 万件,涵盖历史、文化、艺术、自然、科技等多个领域。杭州,已成为一座名副其实的博物馆之城。

第一节　历史与现状

　　杭州近代博物馆业之发端可上溯至 1929 年,为了振兴民族经济和实业救国,也为了纪念北伐战争的胜利,首届西湖博览会隆重开幕。共设八馆二所三个特别陈列处,分布在西湖的孤山与里西湖一带,面积约 5 平方千米,博览会历时 137 天,展出物品共 14.76 万件,有 2000 多万人次前来参观,杭州也因此成为中国会展业的发祥地。为收藏西湖博览会的藏品和陈列品,1929 年 11 月建成了西湖博物馆,后改名为浙江省博物馆,成为杭州唯一的博物馆。在此后的 50 余年中,杭州只有浙江省博物馆一家博物馆,可以说,上规模的博物馆建设始自三十年前。自 1985 年开始,杭州掀起博物馆建设热潮,新建了一大批高水平、在全国颇具影响的专题博物馆和丰富多彩的名人纪念馆,又扩建了省博物馆,新建了省自然博物馆,充分

---

　　① 　免费开放十年,杭州已成博物馆之城. 杭州日报,2013 - 05 - 18.

利用杭州历史悠久、特产丰富及名人众多的优势，生动再现杭州历史文化，发掘文物史迹的旅游价值和教育功能，拓展了博物馆建设的广度和深度。

按惯例我国博物馆的类型大致可以分为综合性、专题性和纪念性三类。杭州的博物馆分类情况如下：综合性博物馆有浙江省博物馆、杭州历史博物馆；专题性博物馆有浙江省自然博物馆、中国丝绸博物馆、中国茶叶博物馆、中国财税博物馆、南宋官窑博物馆、胡庆余堂中药博物馆、良渚文化博物馆，以及剪刀、印学、钱币、织锦、相机、眼镜等专题博物馆等；纪念性博物馆有革命烈士纪念馆、辛亥革命纪念馆，还有章太炎纪念馆、龚自珍纪念馆等大量名人纪念馆。杭州的博物馆不但在展示内容上种类繁多，而且在管理体制上也体现百花齐放的精神，博物馆有公办的，又有民办的；有国家级、省级、市级和区级博物馆，又有高校、企业、村办馆及私人办博物馆。从数量上到种类上比较丰富完整。可以说，杭州的博物馆已初步形成系列，个性鲜明，在全国独具特色，大大丰富了杭州历史文化名城的内涵。在全国城市中，如此集中地利用博物馆的形式传递历史文化名城的信息，凝聚和物化杭州这座古城的传统和精华，是不多见的，这点曾得到以钱伟长为团长的全国历史文化名城考察团的大加赞赏，也得到中央领导和国家主管部门的广泛好评。

在杭州的百余博物馆中，展示内容各异，有各自独特的风韵。浙江省博物馆是浙江省内最大的集收集、陈列、研究于一体的人文科学博物馆，馆藏文物十万余件，其中有河姆渡文化的陶器和骨器，良渚文化的玉器和丝织品，越国的青铜器，越窑、龙泉窑、南宋官窑的青瓷，明清浙籍书画家的作品，均为遐迩闻名的瑰宝。20 世纪 90 年代初建成开放的中国茶叶博物馆、丝绸博物馆是以茶叶和丝绸为主题的国家级专题性博物馆，两者都是杭州地方的特产，两馆都坐落在西湖景区内，风光优美，与湖光山色相和谐，突显地方特色。1992 年建成开馆的南宋官窑博物馆是中国第一座在古窑址基础上建立的陶瓷专题博物馆。占地面积约 15000 平方米，建筑面积 4364 平方米，采用宋代风格的短屋脊、斜坡顶的仿古木构架形制，造型庄重、风格独具，由展厅和官窑遗址两部分组成。全方位展示了南宋官窑的历史、工艺、美学价值以及南宋宫廷文化、社会习俗等，是杭州作为南宋古都的历史文化的一个窗口。建成于 2009 年的中国工艺美术三馆(刀剪剑博物馆、伞博物馆、扇博物馆)坐落在京杭大运河南头的拱宸桥边，馆舍利用原杭州第一棉纺厂、杭州麻纺厂等旧厂房改建而成。除美轮美奂地展示了杭州古老的工艺张小泉剪刀、王星记扇子等工艺品之外，还保护并展示了老杭州的传统工业遗产。坐落于西泠桥边的中国印学博物馆，为我国第一座集文献收藏、学术交流于一体的印学专业博物馆，展示我国印章与印学形成和发展的历史，展出珍品达六百件之多，犹如中国印学发展的时空长廊。更有特色的是，印学博物馆与西泠印社旧址相毗邻，设有西泠印社社史厅，回廊亭阁、馆社相连,使优雅的印学博物馆与西泠印社原有的人文景观融为一体。胡庆余堂中药博物馆是我国唯一的国家级中药专业博物馆,由闻名遐迩的"江南药王"——胡庆余堂国药号改建而来,是由清代红顶商人胡雪岩于光绪四年(1878)创立的庭园式药店,建筑属典型的清代风格,古朴雅致,集各家药号大成,结合江南住宅园林特色,是一座集商业实用性和艺术欣赏性的晚清木结构古建筑。如今前来博物馆的人群中,既有参观游览的游人,也有买药问病的人们。

南宋官窑博物馆

　　除众多各具特色的博物馆外,杭州还有许多开放的名人故居和纪念馆,包括苏东坡、岳飞、于谦、张苍水等古人,更多的是近现代名人,如沙孟海、夏衍、黄宾虹、郁达夫、盖叫天、司徒雷登等等,也有浙江辛亥革命纪念馆、中共杭州党小组纪念馆等。古代与近代名人的故居和纪念馆多建于西湖风景区风光秀丽之处,如苏东坡纪念馆是一座襟湖傍堤的木结构建筑,位于西湖苏堤南隅,毗邻雷峰塔、净寺、花港公园,馆区曲径通幽,竹影婆娑,一尊苏东坡石雕像,立于苏堤入口左侧,衣袂飘然,昂首云外,仿佛还在与杭城百姓诉说着眷眷情愫,是西湖名胜风景区新十五景中的一个亮点。于谦祠位于西子湖畔三台山麓,东临西山路,南接赤山埠,依山傍水,风光秀丽。于谦祠亦称"旌功祠",始建于明弘治二年(1489),五百多年间屡遭毁损。现存建筑为清同治八年(1869)重建。1991年后,由杭州市园文局出资重修,1998年值于谦600周年诞辰之际,于谦祠重新对外开放。章太炎纪念馆依章太炎墓而建,位于南屏山荔枝峰下,是一座掩映在一片松柏桂树之中白墙黑瓦红檐的仿清园林建筑,馆藏文物丰富,有章太炎手书的许多书法作品、信札、手稿,以及章太炎所收藏的一些文物珍品。现代名人故居有些位于风景区,另一些则深藏于杭州老城区的街巷之中,司徒雷登故居是一座闹中取静的二层小楼,坐落在杭州市天水桥耶稣堂弄 1—3 号,是司徒雷登的父亲来华传教时建造的,经杭州园林文物局维修后向公众开放,并展示司徒雷登早年在杭州的生平事迹、在北京创办燕京大学和他在华做大使期间的一些珍贵老照片等图文资料。夏衍故居建于清末民国初,位于庆春门外严家弄,原名八咏堂,为五开间七进深院落,为夏衍诞生至青少年时代的活动地,采用院落式和江南民居式样。陈列室展示了夏衍一生从事电影活动的生平事迹,以及夏衍生前用过的眼镜、衣物,还有名家字画等。沙孟海故居位于杭州市龙游路 15 号,毗邻西湖景区,是一座砖木结构的中西结合式的花园别墅,建于 20 世纪 20 年代。卧室、书房均按原样陈列,院落之中;塑有沙孟海家居坐像,居处内设沙孟海书画展馆,陈列其大量书画精品。

特别值得一提的是,杭州是率先在全国将博物馆纳入公共文化服务体系建设范畴,实行免费对外开放的城市。2003 年 5 月杭州市所有公办博物馆、纪念馆全部实行免费开放,这在全国尚无先例,震动了国内文博界。一年后,北京、上海、武汉等地的博物馆相继免费开放。免费引发了杭州的博物馆参观热,带来了参观人数大幅增加的直接效果和显著的社会效益。据 2010 年的统计,当年杭州市属 70 家博物馆全年接待参观者数量突破 500 万人次。总体来说,目前杭州已基本建成具有地方文化特色的博物馆(纪念馆)体系,博物馆事业发展蒸蒸日上。

第二节　杭州新博物馆群以人为本理念的创新实践

新博物馆学是 20 世纪 80 年代正式确立并逐渐发展成熟的博物馆学理论。所谓新博物馆学,一般是指具有一整套关于博物馆的目的和功能的侧重理论的探讨,并且在运作中与传统博物馆学有较大区别的博物馆学。

新博物馆学诞生的主要原因,是人类社会的飞速发展导致的对人类社会文明进程以及人类与自然关系的观念变化,主要集中在以下几个方面:

一是 20 世纪 70 年代开始的人类对自己行为的反思,即由人类中心转变为人与自然的和谐追求。人类自诞生以来始终没有处理好人与环境的关系以及人与人之间的关系,因而造成巨大的危机。二是信息化时代的到来,人类的时空距离正在不断缩小,变成一个所谓的"地球村",而人类却没有做好处理这种关系的准备,导致全球范围内出现了社会与道德危机。三是人类对博物馆功能的认识发生根本性改变。人们认识到博物馆存在的目的绝非是远离社会的孤芳自赏,而应当为社会与观众服务。1972年,联合国教科文组织与国际博物馆协会在智利首都圣地亚哥举行了圆桌会议,会议强调博物馆要随着社会的发展而变革,博物馆就是为社会、社区及其发展服务的机构,要建立与群众需求相结合的整合博物馆(Integrated Museum)。

相对于传统博物馆学的观念而言,新博物馆学的重心在于关怀社群和社区的需求,而不是传统博物馆所一向奉为准则的藏品的整理、保护、研究和陈列等。显然,新博物馆最大化地突出"以人为本"的理念[①]。这里的"以人为本",就是强调要把传统博物馆以"物"(藏品)为导向转变为以"人"(观众)为导向,即由侧重于对物品的搜集转向对当代人群社会问题的重视。这种观念绝不是反对藏品是博物馆物质基础的观点,毕竟博物馆所拥有的具体的物品是其存在的基石,没有物品的基石就不会有博物馆大厦,而依附于大厦的一切功能也就不可能存在。但是必须明确的是,博物馆的构建绝不可止于物,要按照办馆的根本宗旨和目的,有计划地征集、发掘文物与标本,最终达到服务于人的目的。博物馆不能沦为一座"物"的冷藏库,不能成为机械地简单陈列展示品的堆积室,而应该成为一座为人服务的展示与研究之宫,一个实现社会性教育的重要场所。

传统博物馆重视的是馆藏的物,所以更加关注的是物的品质与数量,搜集物品自然就成为重中之重,尤其是对于文物的征集收藏更是不遗余力。由于导向上重物,也就导致了博物馆与社会生活及公民之间的"隔",这种距离感使得许多博物馆常年冷清,大众不愿走近那些看似与自己生活无关的展品。新时期的博物馆强调"以人为本"的理念,提出以大众为根本导向,让人们自觉自愿地走进博物馆,把博物馆当作自己生活的一个重要场所。将面向大众、服务于人作为导向,那就需要接近现代社会生活,走进人们生活的环境,关注人们生活的热点与问题,这样就要求博物馆不仅要实现传统的物品的展览功能,更要结合现代社会生活有计划、有目的、有重点地进行征集、收藏及研究,并有意识地开展吸引、影响大众的相关活动。

每一个博物馆都有自己主题决定的独特性,因而其服务于公众的方式与目的有所不同,那就需要充分注意把博物馆馆藏的特点与公众的实际需求加以有机结合。博物馆的管理者,在充分了解本馆的资源特点和优势的基础上,结合对公众特点及需求的研究,规划本馆的陈列布展,以及开展各种活动。比如历史类博物馆,怎样让观众从承载着文化信息的实物或图像身上找到蕴藏的往事,看到过去和现实世界的关系,是每个展示所应思考的问题。当博物馆规划的主题性展览与现实社会形成一定的关联时,其陈列展示就与参观者紧密联系在一起了,展览所显现的

---

① ［美］哈里林.90年代博物馆观念.博物馆管理与馆长,1993(2).

内容也就具有了感性的亲和力与文化感染力,公众所需要的正是这样的展览。

新博物馆在主题与内容上的变化,促成了在形式上的发展创新,而这样的发展创新是最直接体现博物馆服务于公众理念的。杭州新博物馆体系在形式上的探索创新,不仅非常有效地达成为广大人民群众服务、为社会服务的目标,更是引领了博物馆走向现代化的潮流。这种变化,主要体现在以下几个方面:

首先,采取全景敞开式服务,免费并无限制向所有人开放。传统的博物馆一直保持着与观众的距离,因此大多数都成为"养在深闺人未识"的场所,似乎和人民群众的生活没有太大的关联。孤芳自赏的态度,必定采取等人上门的被动式服务,博物馆真正的目标难以实现。有社会机构调查表明,目前我国公民走进博物馆的情况很不乐观,大概是平均每5～6人中才有一人每年有一次走进博物馆。① 而在英国、美国、法国等许多发达国家,每年市民参观各类博物馆的平均次数达到了每人3～5次。一些西方人士曾经自豪地称,他们不是在博物馆和美术馆,就是在去博物馆和美术馆的路上。

2001年,浙江省文博界率先试水,部分博物馆向所有市民免费开放,一时在全国造成巨大的影响。到2003年"国际博物馆日",杭州西湖周边的中国茶叶博物馆、南宋官窑博物馆、杭州历史博物馆、章太炎纪念馆、苏东坡纪念馆,加上之前已经免费开放的于谦祠、俞曲园纪念馆、林风眠故居纪念馆、浙江辛亥革命纪念馆等,正式宣布全部免费对外开放。这是杭州博物馆以新理念面向社会和大众的一个创新探索。从被动应对到主动转型,博物馆的主要功能有两个,保存遗产和服务社会,而免费开放终于打开了服务社会这扇门。以浙江省博物馆为例,免费开放的第一年,参观人数呈现"井喷"状态,春秋季节,平均每天有七八千人进馆,节假日日均超过万人,最高峰时甚至达到3.5万人。据统计,免费开放前,浙博年观众量约在18万人次左右,免费开放后年观众量超过了100万。如2004年全年总参观人数达到105.6万人,是免费开放前人流量的5倍。或许在不远的某个日子,杭州人可以自豪地说:我们不是在博物馆,就是正在去博物馆的路上。

第二,博物馆与高科技和现代理念联姻,充分有效地运用现代化高科技传播手段。这是相较于传统博物馆理念上最显著的变化。在科学技术不够发达的时代,缺乏变化的纯静态平面化的展示,由于其表现形式上张力的不足,无法生动地表现出博物馆陈列物的内涵。现代博物馆主张结合陈列或其他教育活动,充分有效地运用最新的科技成果,尤其是互联网,即利用多媒体技术、虚拟博物馆等建立数字化博物馆。当然,高科技的运用必须是根据博物馆的相关需要进行,绝不能唯技术

---

① 鲁毅.博物馆教育,离我们有多远.教师博览(原创版),2012(11).

是论,导致过度关注技术而忽略内涵。

进入现代化信息社会,互联网已经成为信息传播的高速公路,信息传播的时间与空间发生了巨大的改变,博物馆必须应势而为。现代博物馆的数字化建设是最能充分体现新博物馆学理念的一个重要方面,也是其发展的必由之路。现代科技的飞速发展,必然促成文化历史与科学技术日益紧密的联系,博物馆的数字化建设便是其中的实例之一。在传统博物馆基础上,有机结合了数字网络技术,不仅大大优化了博物馆的管理与信息的交换,促进了文化遗产实体的保存与交流,还大大拓展了博物馆向社会和公众提供服务的时间与空间,一定程度上实现了从"实物导向"向"信息导向"的延伸。实际上,博物馆的数字化建设已成为现代博物馆发展的趋势,很多发达国家的博物馆几乎完全实现了数字化技术。

与传统博物馆的主要功能相比,数字博物馆在对藏品信息资源征集、保存、保护、传播、展示、研究以及开放性方面,有着自己独特的优势。从传统博物馆功能和结构上来看,数字博物馆是对传统博物馆进行时间和空间维度上的延伸和扩充,网络互联技术使得多个博物馆在空间上的跨越成为可能,虚拟现实技术将在虚拟的数字时空里表现藏品信息。另一方面,网络的终端已变得无处不在,任意延伸,人们获取资讯也更加自由方便,几乎不受约束。传统博物馆以实物见证的形式反映人类现实世界的存在,数字博物馆则以虚拟的信息展示反映人类现实世界中存在但不在场的实体与现象。近年来,杭州一些博物馆数字化建设已初见成效。

例如杭州西湖博物馆。该馆的数字化博物馆建设,目前在全国是较为领先的,从杭州西湖博物馆全景数字展厅的上线,就可见一斑。杭州西湖博物馆于 2012 年10 月 9 日正式上线全景数字展厅。展厅采用实景摄影与后期制作相结合的形式,展厅实景在数字展厅中得到充分体现。任何人都可以足不出户,轻点鼠标,整个西湖博物馆就能够全部展现在眼前,令人如同身临其境。循着导览路线,可以欣赏西湖博物馆的主要陈列,展板文字、图片、主要展品等都有高清显示,全景沙盘、岩石水晶球、生态树、浚治多媒体、佛教视频等也可以在网上自由浏览。[①] 数字展厅不仅内容丰富详实,而且界面设计也十分友好,观众可以随时在多个展厅间切换,背景音乐、多媒体声音可以自由调节,指向标志十分清晰,既可以选择自动播放浏览,也可以选择手动点击观赏,并且随时都可以对自己感兴趣的内容进行点击放大。

又例如杭州工艺美术博物馆。杭州工艺美术博物馆(杭州刀剪剑、扇业、伞业

---

① 杭州西湖博物馆全景展厅全新上线.杭州文物局官方网站,http://www.zjww.gov.cn/news/2012 - 10 - 14/628001346.shtml.

博物馆)虚拟博物馆项目于 2013 年 4 月通过了有关专家的评审验收。杭州工艺美术博物馆项目综合运用了三维虚拟技术、多媒体技术等,博物馆的展陈内容展示丰富,形式新颖。虚拟馆和实体馆实现了有效的互动结合,展示的内容更丰富多样,满足了观众多元化的需求,观众参与度增强。目前该馆正在不断完善,使刀剪剑、扇、伞博物馆虚拟博物馆系统能更多更好地服务社会大众。

再例如浙江省博物馆学会网站。浙江省纪念“5·18 国际博物馆日”暨浙江省博物馆学会网站上线仪式于 2013 年 5 月在浙江自然博物馆举行。在互联网技术高速发展的今天,更多的人是通过互联网获取资讯、参与交流、学习知识。网站是博物馆借助新媒体技术创新社会教育和文化传播的内容、形式和手段,为公众提供优质文化服务的重要载体。通过这个平台,任何人都能够非常轻松自由地对浙江省的博物馆以及有关文化成果进行浏览,并可以深入地进行研究。如“南宋临安城数字化工程”的开发就是其中之一,只需要手机上下载一个手机软件,每当走过杭州城的某一处南宋临安城遗址,手机都会将南宋时期原址的三维全景图展示在游客面前,辅以诗词书画等文化熏陶,让人们在震撼中将南宋文化深深烙印在心里。

数字化博物馆,作为实体博物馆工作职能的虚拟体现,不仅是实体博物馆的一个组成部分,也会反过来作用于实体博物馆,是对实体博物馆功能的拓展和延伸,必然使实体博物馆变得更加开放,更具活力。

第三,倡导并设计参与式的布展方式,增强参观者的真实体验。进入传统博物馆参观的观众,只能一边观看一边听讲解员的讲解,自己几乎是完全被动,不能也没有机会真正走进所参观的展览之中,无法从参观中获得应有的切身感受。打破这种单调而乏味的僵局,必须调动所有的手段引领观众进入到展览之中,使人与展览形成某种连接,甚至能够融为一体。参与式布展方式的设计与运用,在杭州诸多新博物馆的布展实践探索中获得了可喜的成效。如南宋官窑博物馆新增的语音导览系统和公众触摸查询系统。参观者的整个参观过程犹如身临其境,真切的感受给人以超乎寻常的真实体验,极大地强化了参观的效果。“在博物馆这样一种基础的场景中,怎么样让展品变得更生动?现代科技起到了必不可少的作用。《宫廷赏瓷》展区采用了电视虚拟演播设备,在特定的背景下播放南宋宫廷赏瓷的场面,陶瓷的种类、名称通过片子中的人物一一道来,远比听讲解来得生动有趣。通过大屏幕,观众还可以看到自己与古人在一起,有种跨越时空身临其境之感。”①

---

① 王夏斐.各大博物馆硬件设施全面“升级”.杭州日报,2004-05-19.

中国茶叶博物馆注重引导观众实现从模拟到科学操作的目标。充分利用茶博主题宣教资源,科学布置室内环境,建立规范的茶艺师培训教室,配置先进的教学用具,设计定做适合学习和操作的桌椅、茶艺表演道具。进入其中的参观者,跟随茶艺师的指导进行相关的沏茶操作,感受中国传统茶文化的特有品性氛围,从中获得一种新奇真实的体验。博物馆还计划设计一种软件,对观众的泡茶技艺给出一个具体分值,作出定量定性的分析,这样,观众的参与热情也会加强。同时,也开展灵活的茶艺培训,如高级、中级、初级系列茶艺师培训;或者开展参与性的社会活动,诸如"茶人之家"海选活动,参赛范围到达长三角地区,鼓励自行设计茶席、自定主题、自行选择冲泡茶类和冲泡手法。

胡庆余堂中药博物馆专门设计了中药手工作坊厅及兴趣室。在手工作坊,参观者能够看到老药工如何切出宛如薄纸红白相间的槟榔片,如何做出大大小小的各种药丸,在叹为观止间感受中国中医药。兴趣室内你可自己动手操作,亲自模拟中草药制造的整个流程,或者在药工指导下学习怎样配制中药等。

其他如陶瓷博物馆的亲手制陶的体验、邮票博物馆的自制邮票的经历等,让所有参观者获得最大程度的享受和满足,而这些都是传统博物馆根本无法实现的。

第四,密切结合社会生活,承担在终生教育与素质教育中的独特作用。当前全世界各国都在大力推广终生教育。这正是为了满足人民终生学习的渴望。新博物馆学认为作为社会教育的开放式机构的博物馆理应负此重任。传统博物馆一般是传播知识、让观众学习各种知识,而新博物馆学则主张从学习中增长智慧,即不仅让观众获取知识,还要使他们学会运用知识、创造知识,培养人们的创新能力。此外,博物馆还负有人文教育的责任,培养人们的道德素质,即教育观众怎样做人,学会正确对待自然、对待社会和群体,正确对待自己。

大众的智慧与素质的提升,不仅仅是学校之类的专门场所的职责,也是社会各种机构无法推卸的责任。"在博物馆中,人们不仅获得了社会历史知识,在我们的内心与文物丰富的历史内涵发生交流共鸣时,潜移默化中还受到优秀传统文化的熏陶,强烈的爱国主义、民族精神激励和鼓舞,对我们的价值观念、思想境界产生深远的影响。"①博物馆的各类陈列展览就是对人们实施终生教育、素质教育的课堂。博物馆以实物为教育手段,将国家或地区的历史文化、风土人情、自然科学加以浓缩展示,给人们以直观的、赏心悦目的效果,易于被大多数人所接受。随着科学技术的迅速发展,当代人们求学获得知识已经不可能一次性通过学校教育完成,终生

---

① 孙丽霞.浅谈公共博物馆的社会教育功能.四川文物,2006(3).

教育的需求成为必须,这种需求在很多社会性场所可以逐步实现,博物馆正是社会性场所的重要代表之一。与学校的书本教育相比,博物馆教育内涵和外延则广阔很多,更具有开发性、自主性、实验性、探索性、愉悦性。博物馆教育提供的知识信息,要比学校更大、更广、更深,是学校教育的有效外展。[①] 参观者从博物馆获取的知识是从原始的、直观的实物中引发的,他们在馆内可以自由触摸历史,领悟人生;可以遨游科学世界,探索奥秘;可以在轻松、娱乐之中接受教育,增长知识,陶冶情操。各种类型和性质的博物馆具有的这种优势,通过与学校素质教育的配合而发挥延伸、拓展、提升的作用。比如,综合性馆可以配合学校德、智、体、美、劳等多种科目的素质教育;革命馆、纪念馆可以配合学校德育教育;科技馆可以配合学校智育教育;艺术类博物馆可以配合学校美育教育。

例如中国丝绸博物馆,是世界上最大的丝绸博物馆,占地 5 公顷,建筑面积 8000m²。该馆以丰富的展品、先进的展示手段,让观众在时间与空间的嬗变中,感受历史与未来的交融,倾听中国丝绸的故事、领悟染织的来龙去脉,体验手工织绸的乐趣。南宋官窑博物馆是中国第一座在古窑址基础上建立的陶瓷专题博物馆。占地面积约 15000m²,建筑面积 4364m²,由展厅和官窑遗址两部分组成。全方位展示了南宋官窑的历史、工艺、美学价值以及和南宋宫廷文化、社会习俗等一系列问题。中国印学博物馆占地面积 1300m²,为我国第一座集文献收藏、学术交流于一体的印学专业博物馆。展示我国印章与印学形成和发展的历史,展出珍品达600 件之多,犹如中国印学发展的时间长廊。

2007 年起,杭州市政府启动了《青少年学生第二课堂行动计划》,要求用好管好各类公益性场馆并使之成为青少年学生第二课堂教育的重要场所,推进青少年学生德智体美全面发展,全面提升杭州市青少年学生生活品质。计划中的第二课堂包括图书馆、纪念馆、青少年活动中心等等,但其中最重要的无疑就是博物馆。充分发掘博物馆独特资源,强化未成年人素质教育和爱国主义教育,结合馆藏和其他资源特色举办适合青少年的课余活动,成为杭州各家博物馆的重要责任。博物馆协同学校组织引导学生自主参与,杭州市区的在校中小学生每学年必须参加六次以上第二课堂活动,并通过《成长记录手册》等详细记载学生参与第二课堂活动的过程和成果,作为学生综合素质评价的重要内容。

除了"第二课堂"活动,杭州的各博物馆还组织了其他许多面向青少年的教育活动,如与学校联系把原本在课堂上的历史课、生物课、思想品德等课改到博物馆的有关展厅中进行;与学校联合在博物馆举行"入团仪式"、"十八岁成人仪式"等活

---

① 李萍,高清.论博物馆教育功能的发挥.南方文物,2004(1).

动;如举办各种主题夏令营;还有利用"博物馆日"、"爱鸟周"、"六一儿童节"等开展相关的主题活动;与学校联合组织各学科的兴趣小组等等。结合重要节日纪念日以及特定主题日开展活动。如"国际博物馆日"、文化遗产日、纪念辛亥革命100周年、南宋文化周等。

博物馆的教育,不仅面向青少年,也面向全体民众。如杭州历史博物馆,有计划开设系列讲座如"市民广场"(专家讲座);杭州历史文化公开课。其他的博物馆也发挥了积极的作用,如举办由各界人士和观众自愿参加的专题性学术讲座;有计划、有目的地举办各种博物馆知识竞赛等等。

第五,关注人类的可持续发展,提倡环境教育。以人为本是充分地尊重人,尊重人的主体性,但是绝不意味着在地球上应以人类为中心。人类中心主义在蒙昧时代曾经盛行一时,导致了人类对于自然万物的错误认识,并产生了极其恶劣的后果。因此,人类为了能够持续发展,就不能让人类役使自然,割裂人与自然的和谐。作为科学地展现人类与自然关系的集中点,博物馆通过举办各种提倡保护生态环境、反对破坏大自然的展览,是当代环境教育的一个重要方式。此类展览的呈现,或者是涵盖整个地球人类的全局性的,或者是某个突出的区域性的;可以是以历史发展线索为主的纵向的,也可以是以人类与自然在某个阶段的关系为表现内容。宣传人类与大自然和谐相处的理念,倡导人们关注并珍惜自然生态的健康。这是以明确的主题设置体现博物馆职责的表达,而各种现代化科技手段,更为环境教育提供了良好的手段。

如2005年建成开放的西湖博物馆就是一个很好的例证。博物馆通过声光电的结合、动与静的结合、传统与现代的结合、自然与人文的结合等方式全方位地解读西湖。观看三维动画立体电影《西湖沧桑》,感受西湖上亿年的沧桑变迁;漫步于"西湖四季桥"上,瞬息间即可领略西湖四季的景色变化;置身于"泛舟西湖"的环幕影院中,座椅轻晃如舟,环绕的西湖美景一掠而过,令人大有身临其境之感。人与自然的和谐表现得淋漓尽致。置身于这样的场景之中,参观者自然而然地融入其间,非常手法呈现出的大自然的瑰丽之美,以"润物细无声"的方式渗入大脑,为参观者科学认识人与自然的关系产生积极的影响。

博物馆的设计与建设,本身就是一种环境教育观念的表达。杭州是中国历史上著名的七大古都之一,是风景优美的历史文化名城,其独特的山水景观构成很好地表现了人与自然和谐相处的关系。依山傍水之处,有一个博物馆群落,包括了杭州历史博物馆等五座博物馆。中国丝绸博物馆位于西湖南端的玉皇山北麓,其外形如同一个来自天外的飞碟,现代而漂亮;南宋官窑博物馆位于西湖风景区南缘,濒临钱塘江闸口乌龟山南麓,其原为南宋官窑遗址,遗址由保护厅覆盖,另建三个展厅,两者布局协调,相映成趣;中国茶业博物馆坐落在西湖西侧的双峰,整个建筑为一片绿意盎然的茶园相拥;胡庆余堂中药博物馆位于著名的风景区"吴山天风"的北麓清河坊大井巷,江南园林建筑特色,是保存完好的古建筑群。这个博物馆群的建筑理念,是人与大自然环境和谐相应的典范展示。

位于玉皇山北麓的中国丝绸博物馆外景

第六,充分发挥丰富公民生活内容与情趣的功能,打造独特的博物馆文化品牌。随着人类现代生活物质化程度的提高,人们对于精神生活的追求更加迫切,博物馆在旅游、审美、娱乐休闲等方面的作用也逐渐显现出来,世界发达国家在这方面的作为已经清楚地表现了这个特点。杭州作为以休闲、度假旅游为特色的旅游城市,旅游业是杭州国民经济的一个支柱产业,而博物馆在杭州旅游业中,正扮演着越来越重要的角色。

在当代,旅游已经成为现代人生活内容的一个不可或缺的组成部分。除了自然山水风光的体验,人们还热衷于参观体验人类文明的成果,各种类型的"文化之旅"层出不穷。现代博物馆的核心产品,是向旅游者提供基于特定主题的展示,以及由主题引导的特定体验。旅游者参观游览博物馆,并不只想看到琳琅满目的珍贵而丰富的展品,更期望享受博物馆提供的配套服务。因此,展品的水平是一个方面,而相应配套设施的提高,对于丰富旅行者的旅游体验至关重要。如博物馆整体环境的营造,具体展览的设计布局等,必须充分考虑到满足旅游者体验的要求。在博物馆场景空间的设计上,要动静结合,将处于静态的场景融入动态因素,比如声音、幻影成像等现代科技,或者尝试将国内日益流行的3D仿真技术运用到其中,旅游者置身其间对历史文化的沧桑与变故感同身受,视觉、触觉、听觉甚至嗅觉,都最大限度地被调动,真正感受体验到在博物馆中旅游的神奇与享受,从而获得在他处无法享受到的身心愉悦,并注意展品与游客之间的交流和互动,将旅游者的体验性与娱乐性有机结合起来。

坐落于西湖孤山南麓的浙江省博物馆,历来是杭州的一个旅游景点,1929年以原清帝行宫改建而成,旧馆址的部分为江南著名藏书楼文澜阁,新馆建筑以富有江南地域特色的楼阁亭榭与逶迤相连的长廊组合而成,形成了"园中馆,馆中园"的格局,掩映于湖光山色之间。参观者在体验展品的厚重丰富内涵的同时,也感受到由精心设计布局却不露痕迹的园林风光带来的自在畅达。这样的过去与现在的时空交接给了人们极大的身心享受。

又如杭州运河博物馆群,从设计思路到建成开放,都在这方面下了很大的功夫,实际效果也非常明显。杭州市拱宸桥西博物馆群是由中国刀剪剑博物馆、中国伞博物馆、中国扇博物馆构成,是由杭州市政府出资建设的三个国家级专题性博物馆,选址于京杭大运河杭州段拱宸桥桥西历史文化街区。以"历史文化名城,风景旅游城市"之称的杭州,其传统手工业有着悠久的历史以及厚重的物质化积淀,这是一种无法重复且无可替代的优势。几个博物馆就是凭借这样的优势,依靠传统文化积淀共同组成极具特色的特点,组成一个引领旅游者感受体验杭州特有文化传承的博物馆群。游客穿梭其间,不仅因为各类内涵深厚的具体展品而大饱眼福,更是藉此历史的穿越而获得极大的精神满足。

在许多博物馆因缺乏吸引力而门庭冷落的今天,杭州的博物馆却吸引着越来越多的人走进博物馆,这不得不归功于杭州博物馆理念上的先进,形式上的不断创新。杭州博物馆体系不仅非常有效地达成为广大人民群众服务、为社会服务的目标,更是引领了博物馆走向现代化的潮流。

第三节　以桥西工美博物馆群为例的专题博物馆功能研究

在杭州城北,京杭大运河上拱宸桥桥西历史文化街区,散布着一些外观质朴沉稳,大气简单的旧厂房式建筑,在运河边清代风格白墙黑瓦,狭长弄巷之中,显得凝重而和谐,这几座厂房式建筑,就是中国扇博物馆、中国伞博物馆、中国刀剪剑博物馆和杭州工艺美术博物馆。穿行于这些博物馆之间,寻访失落的历史,恍若穿越了时间的界线,是一次充满杭州风情的传统工艺美术之旅。

拱宸桥,是京杭大运河的终点标志,建于明代崇祯四年,它所连接的运河两岸在清代到民国都是杭州的热闹所在。桥西的历史更可追溯到宋代。这里曾经是城市中下层劳动人民聚居的城郊区域,所沉积的民风民俗和遗存建筑见证着运河曾给杭州带来的繁荣。新中国成立后,这一带成了杭州的工业园区,曾经兴盛一时的杭丝联、杭一棉、杭麻等大型国有企业都建造在城北运河沿岸。但随着陆路交通的快速发展和工业转型,这里昔日的光辉渐渐淡去,差不多成了被社会遗忘的角落。近年来,杭州市对桥西历史街区进行了以"宜居、宜文、宜业、宜游、宜商"为目的的保护性整治,如今已经重现了古运河的历史建筑风貌,也改善和提升了原住居民的生活状态。①

　　杭扇、杭伞、刀剪剑,都是杭州著名的传统工艺,其中王星记扇子、张小泉剪刀,西湖绸伞,更先后被定为国家级非物质文化遗产。桥西工艺美术博物馆群的建筑利用老厂房改建,集杭州工美特色、非物质文化传承、工业遗产保护利用为一体,是保护和展示杭州特有的历史文化的一个美丽窗口。

　　运河桥西工艺博物馆群一期中国刀剪剑博物馆、中国扇博物馆、中国伞博物馆于 2009 年 9 月建成开放,二期杭州工艺美术博物馆和手工艺活态展示馆,作为对一期三大国家级博物馆的扩容和补充,于 2011 年 9 月正式开放。这五家博物馆皆以工艺美术为主题,组成了一个主题博物馆群,它打破了传统博物馆收藏、研究、展示、教育的功能局限,强调以人为本、人物结合,强调大众性和参与性,在保护本地工业遗产、传承传统工艺技术、增加运河旅游内容、提供文化休闲娱乐、激发艺术创造力、提升城市文化品质方面都体现出强大的功能。

　　研究桥西工艺博物馆群的功能,不仅对杭州打造历史文化旅游城市具有积极意义,也是对现代新博物馆学为博物馆定义和功能的重新界定作了一个实际的例证②,无论在理论和实践两方面都很有必要。

一、保护工业遗产功能

　　将具有一定历史价值的老建筑以博物馆的形式保存,是当代全球化的共识,如法国著名的卢浮宫博物馆、奥赛博物馆等。然而以博物馆形式保护近代工业建筑遗产,则是一个全新的话题。

　　由于当代工业化进程中产业结构的不断更新换代,一些在近现代工业史上曾经辉煌过的传统产业正在走向衰退或消亡。旧的厂区建筑面临拆除或改建,传统工业技艺面临失传。然而正是这些工业遗存记录着一个时代、一个城市的

---

　　①　引自杭州工艺美术博物馆主页《博物馆概况·综述》,http：//www.zgdjss.com.

　　②　新博物馆学,是博物馆学中的一个流派,以 1984 年《魁北克宣言》为标志而诞生。主张关注社会关系,关注社群和社区需求,关注协调自然环境与生态关系,文化遗产的整体性保护,即不光是遗产本身,与遗产有关的自然和文化环境也要一起保存。

发展历史,它们具有不可复制的历史价值、社会价值、技术价值和审美价值,任其消亡无疑令人惋惜。从 20 世纪中期开始,西方一些国家就开始认识到工业遗产的价值,有意识地对其进行保护和再利用,特别是对旧厂区厂房的艺术化改造开发做出了许多有益的尝试,如纽约的 SOHO 街区、德国鲁尔工业区的文化旅游改建、法国奥赛火车站改建的奥赛博物馆等等。进入 21 世纪后,随着我国可持续发展思想的深化,随着逆工业化的潮流和进程,随着城市"退二进三"的产业结构调整的展开,我国对工业遗存的保护和利用的认识不断加强,在不少城市已经有了一些成功的案例,如北京的 798 文化艺术社区、上海的 1933 老场坊、杭州的 LOFT49 等。

在理论界,最早开创这一领域研究的当属英国一些学者提出的"工业考古学"(Industrial Archeology),R. A. 布坎南(R. A. Buchanan)于 1968 年出版《工业考古学的理论与实践》,将工业考古学定义为"一门包括调查、考察、记载和有时还要保护工业遗迹的学科,它的目的在于从社会史和技术史的角度来评价这些遗迹的意义"。此后"工业考古学"便在欧美各国蓬勃发展起来。2003 年,国际工业遗产保护协会通过了旨在保护工业遗产的《下塔吉尔宪章》,这标志着工业遗产保护已成为一项全世界共同的事业。

杭州是一座具有悠久工业发展历史的城市,是中国民族工商业的发祥地之一,拥有种类丰富、数量可观的工业遗产。然而在改革开放之后的城市改造中,一些旧厂房旧仓库等工业建筑被拆除,代之以现代化的高楼大厦。"倒闭和废弃的厂房更被人们看作是经济衰退的标志,是城市的伤疤。在城市改造中,它们是首先考虑被清除的对象。这是一个观念的误区。"[①]例如,建于民国时期的老城站在 1997 年被拆除,在原址上另建新站,曾引起许多杭州人的遗憾和惋惜;如同样建于民国时期的杭州张小泉剪刀厂旧址的标志性水塔和一幢办公楼,在人们认识到它们的历史价值和审美价值之前,就已经永远地被毁掉了。

2010 年底,杭州市出台了《杭州市工业遗产建筑规划管理规定》,这是国内首个关于工业遗产建筑规划的管理规定,规定阐述了工业遗产的界定以及工业遗产建设用地的开发模式,确定了充分发挥政府主导力、市场配置力和企业主体力"三力合一"进行保护开发的目标。根据这一规定,杭州市规划局组织杭州市城市规划设计研究院,开展了杭州市工业遗产普查,范围集中在老城区,并初步确定了 55 处,列入工业遗产建筑保护名录,其中包括钱塘江大桥、胡庆余堂、张小泉剪刀厂旧

---

① 工业遗产身份尴尬,杭州出台首个相关管理规定.中国新闻网,2010-12-07.引文为杭州市规划局总工程师刘小东的发言。

址、大河造船厂等等。① 经过数年的运行，现在这些工业遗产大多已经受到了保护并正在开发利用之中，其中一部分已被纳入城市规划，作为城市景观的一部分，如本文所研究的桥西历史街区，又如在大河造船厂原址上，建起的运河天地旅游文化创意园等；另一部分则由建设主体自己开发利用，如原杭州丝绸印染联合厂老厂区改造成的"丝联166"创意园区，已形成了由餐饮娱乐、广告设计、传播创意等许多企业组成的文化区块。

运河工艺博物馆群正是在这一思路之下建设起来的。中国刀剪剑博物馆和伞博物馆，由桥西土特产仓库改建而成；杭州工艺美术博物馆，是由原红雷丝织厂车间建筑改建；手工艺活态展示馆和扇博物馆，都是由杭州第一棉纺厂（原通益公纱厂）旧址厂房改建的，将这些工业遗产以博物馆的形式保留下来，用以展示杭州传统手工艺，是杭州市的一个创举，也是非常合适的。因为这些博物馆所馆藏的历史不仅是刀剪剑伞扇等手工艺的历史，也是杭州近代工业的辉煌历史。

以杭州第一棉纺厂为例，我们可以穿越百余年，回溯到晚清时代的杭州历史。杭一棉原名通益公纱厂，始建于清光绪二十二年（1896年），翌年竣工，由南浔巨富庞元济和杭州殷富丁丙、王震元等集议并筹募股本，自清光绪十五年（1889年）始，历时八年才得以开工。后因经营不善，于1902年停办。李鸿章之子李经方假手高懿丞投资该厂，于1903年8月改组纱厂，更名为通益公纱厂新公司，后又改为鼎新纺织股份公司。该纱厂几经盘手更名，于1956年改名杭州第一棉纺厂，仍保持原功能并沿用至今。通益公纱厂是当时浙江省规模最大、设备最先进、最具社会影响

---

① 被杭州市规划局列入工业遗产保护名录的共29处，分别是：1.钱塘江大桥；2.胡庆余堂；3.香积寺石塔；4.浙江兴业银行旧址；5.富义仓；6.通益公纱厂旧址；7.仁爱医院旧址；8.第一届西湖博览会工业馆旧址；9.方回春堂；10.张同泰药店；11.杭州绸业会馆旧址；12.三三医院旧址；13.浙赣铁路局旧址；14.桑庐；15.国家厂丝储备仓库；16.浙江电信局旧址；17.浙江省邮务管理局旧址；18.保大参号旧址；19.种德产科诊所旧址；20.朱养心膏药店旧址；21.张小泉剪刀店旧址；22.邵芝岩笔庄；23.浙江省总工会工人疗养院3号楼；24.五洲药店旧址；25.华德药房旧址；26.四宜路小螺蛳山18号建筑；27.上海铁路局钱江疗养院一号楼；28.樱桃山铁路职工宿舍；29.闸口电厂职工宿舍。推荐的工业遗产26处，分别是：1.上海铁路局杭州机务段；2.杭州铁路局电机厂；3.杭州重机有限公司；4.都锦生博物馆；5.浙江土畜产进出口公司仓库；6.国家厂丝储备杭州仓库；7.杭丝联；8.杭州张小泉集团有限公司；9.浙江航道建造工程处船舶修造厂；10.杭州大河造船厂；11.杭州长征化工厂；12.杭州一棉有限公司；13.杭州市土特产有限公司桥西仓库；14.杭州红雷丝织厂；15.浙江杭州石油公司小河油库；16.浙江省天和建设有限公司水泥罐；17.杭州华丰纸业有限公司政工楼；18.杭州丝联制丝厂；19.杭州肉联厂职工宿舍；20.杭州制氧机集团有限公司；21.杭州东南面粉有限公司；22.浙江麻纺厂；23.杭州大理石有限公司；24.浙江气体有限公司仓库；25.杭州钢铁股份有限公司；26.杭州电气公司旧址。

的三家民族资本开办的近代棉纺织工厂之一,是杭州近代民族轻纺工业创建、发展史的实物见证,也是拱墅地区近代工业区形成、发展的奠基石,其留存的厂房等建筑遗存,是杭州清末、民国时期工业建筑的代表,具有相当的研究价值。2005 年,通益公纱厂旧址被定为省级文物保护单位的遗存建筑共有厂房三处,办公房一处,都为砖木结构,旧址厂房平面呈矩形,坐北朝南,皆为单层厂房。根据考证,搭建厂房使用的木材为美国红松,连接厂房房梁、梁柱的金属铸件全进口自英国,建筑质量相当高,锯齿形屋顶,所有的窗户均朝北,这是为保存棉纱,不受阳光直射而特别设计的。同一时期外国的厂房都是用混凝土建造的,而通益公纱厂的厂房却秉承了中国建筑的传统,采用了较多木结构设计,中西合璧,更有一番风味。[①]

　　现在的通益公纱厂旧址,已改造成手工艺活态展示馆和扇博物馆的一部分。走入由纺纱车间改装成的手工艺活态展示馆,仍可以感受到扑面而来的历史气息。巨大的车间式空间,屋顶密布一排排整齐的天窗,车间内一根根木柱子保留完好,木柱上的编号清晰可见,就连原先用来运棉花的通道还保留在厂房内。在巨大厂房的中间,还有一个运货梯,斜斜地从半空穿插下来。以前,一包包的原材料,都是经这里从更高的仓库"滑"进车间的。在运货梯边上一个区域,还摆放着许多杭一棉的老物件,墙上还挂着杭一棉的老照片。闭上眼睛,仿佛仍可以看到这些木柱之间安放着一台台纺纱机,正在忙碌地运转,年轻的纺织女工们穿梭于纱锭和机车之间……

手工艺活态展示馆内景

---

　①　详见《青年时报》,2012 年 12 月 7 日版。

在杭州，由工业遗产改造而成的博物馆，除了拱宸桥桥西博物馆群，还有都锦生丝织厂旧址上改建的都锦生织锦博物馆，张小泉剪刀厂原址改建的张小泉剪刀博物馆等。为了保护这些工业遗产，杭州市放弃了30多亿元的土地出让金，保留了超过15万平方米的工业建筑遗存，为我们的后人留下了一个寻找杭州历史的珍贵空间。可以说，这些博物馆既是展示刀剪剑伞扇等工美技艺的博物馆，也是展示杭州旧工业建筑、回顾工业辉煌的纪念馆。

二、传承手工艺非遗功能

在国家级非物质文化遗产保护名录传统工艺类中，杭州有多项上榜，包括第一批的张小泉剪刀锻制技艺、竹纸制作技艺；第二批的余杭清水丝绵制作技艺、杭罗织造技艺、铜雕技艺、西湖绸伞、西湖龙井茶采摘制作技艺、王星记扇制作技艺；第三批的越窑青瓷烧制技艺、中式服装制作技艺等。以博物馆的形式来保护和传承这些非物质文化，是当代博物馆不可或缺的职责和功能。

西湖绸伞，全称"西湖竹骨绸伞"，始创于20世纪30年代，是当时杭州都锦生丝织厂的艺人竹振斐最早创作的，用杭产的丝绸和富阳产的淡竹手工制作而成，从选料到制作都极为考究。西湖绸伞的伞面为圆形，是采用特制的伞面绸作的，不仅薄如蝉翼，织造细密，透风耐晒，易于折叠，而且色彩瑰丽，或印染或刺绣，伞面图案有西湖十景、花鸟山水、仕女人物、民间传说故事等。伞骨取材于浙江特产的淡竹，粗细运度，色泽光亮，任凭烈日曝晒亦不弯曲变形。由一节淡竹筒劈成32根或36根细条，另配骨撑，组成伞骨，张开是圆形的伞，收拢像是一段淡雅的圆竹。制作一把精美的西湖绸伞，要经过选竹、制伞骨、上伞面三大阶段，数十道工序。

在中国伞博物馆里，"美丽的西湖绸伞"是常设展览中一个主要的单元①，在优雅的民国江南风格装修的展厅里，陈列着大小色彩图案各异的许多西湖绸伞，展览介绍了西湖绸伞的诞生、发展历史，制作工艺流程，不同用途的西湖绸伞等等，除大量实物伞和图片以外，还有一组人物群雕，展示制伞工匠从事劈竹、钻孔、绷面等手工艺的场景。在展品中，有已故民间制伞艺人屠家良先生制作和使用过的30多件伞成品、半成品和制造工具，还有中国日用杂品工业协会制伞专业委员会和杭州天堂伞业集团有限公司捐赠的有关物品。展品中不乏一些珍品，如竹振斐的传人宋

---

① 中国伞博物馆的常设展览分为六个单元，分别是：中国伞的起源、油纸伞与油布伞、美丽的西湖绸伞、伞的文化、走向世界的伞、形形色色的现代伞。

志明制作的"手绘西湖全景"绸伞,该伞伞面以红色为底色,大面积绘有西湖全景图,伞撑开时伞面平正,伞骨有力,做工精良,是西湖绸伞中的精品。

除了伞博物馆的静态展览之外,在手工艺活态展示馆中,竹振斐的嫡传女弟子张金华与她的徒弟们在古朴的作坊中常年现场制作西湖绸伞。现场展示的有刷花、穿花线、贴青等18道工序,仅穿花线一道工序,一把伞就需要两个多小时。

王星记扇子,是杭州市的百年老字号扇子生产厂家,和浙江丝绸、龙井茶并称"杭产三绝"。王星记扇庄始于清朝光绪元年(1875年),创办人王星斋,祖传世代制扇技艺,是杭扇名家。王星记的黑纸扇和檀香扇,在意大利米兰、巴拿马和西湖万国博览会上屡次得奖,美名远扬,其中黑纸扇曾作为杭州特产进贡宫廷,因此,杭州黑纸扇又称"贡扇"。黑纸扇扇骨采用广西桂林地区的棕竹,花纹美丽,柔软而富有弹性,扇面采用纯桑皮纸,涂刷数层诸暨产高同柿漆,质地绵韧细洁,色泽乌黑透光,雨淋不透,日晒不翘,经久耐用,其制作工艺要经过制骨、糊面、摺面、上色、砂磨、整形等八十多道工序,方能完成。檀香扇则由印度产檀香木为原料制作而成的,树龄需要数十年以上,木质细腻、坚硬,木质中含有天然的芳香油,香味纯正持久,有"扇在香存"之誉。主要制作工艺包括拉花、烫花和雕刻,用钢丝锯在薄薄的扇片上,用手工拉出数百个大小不一、形状各异的上万个小孔,组成千变万化、虚实相宜的多种精美图案,工艺独特。

在中国扇博物馆的陈列品中,有100多件展品来自王星记的展品,除了各种精美秀丽的扇子之外,还有一把高2.6米、展开后长达5米的巨型折扇,这把巨扇扇骨为木制,扇面为牛皮纸材质,手绘西湖十景,色彩艳丽,画工细腻,风景栩栩如生。这把扇子曾经历1994年天工艺苑的一场大火,却神奇地毫发未损,在老杭州人中间颇有名气,有"神扇"之称。陈品中还有一把清代《百将图》黑纸扇,是王星记保存至今最早的一把扇子,扇骨由棕竹制成,扇面为柿漆黑纸面,扇面上画有108将,由王星斋的岳父陈益斋所制造。此扇历百余年而其棕色扇骨愈显光泽,扇面鲜艳如新,实为珍品。

在手工艺活态展示馆中,原王星记扇厂的师傅们常年现场制作折扇,包括折扇面、糊扇面、齐扇头、沿扇边和定型,以及扇子装饰艺术——画扇面。王星记省市级工美大师也轮番坐镇现场,为参观者带来现场画扇面表演。

张小泉剪刀,始创于清康熙二年(1663年),其家传工艺可上承至明末。它与孔凤春"杭粉"、王星记"杭扇"、都锦生"杭锦"、宓大昌"杭烟",并称为"五杭",是杭州近代历史上的著名特产。乾隆年间列入朝廷贡品。在近代,"张小泉近记"的民用剪曾获北洋政府农商部六八号褒奖、国货展览会二等奖、1910年南洋第一次劝业会二等奖、1915年巴拿马万国博览会四等奖,名扬海内外。张小泉剪刀选料讲究,镶钢均匀,磨工精细,传统的锻制工序共有 72 道。300 多年来,历代继承者一直恪守"良钢精作"的祖训,所制以剪刀刀口锋利,开合和顺,式样精美,经久耐用著称。张小泉传统制剪工序中有两项精湛独特的制作技艺历经磨炼被延续下来,一是镶钢锻打技艺,造剪一改用生铁锻打剪刀的常规,选用浙江龙泉、云和的好钢镶嵌在熟铁上,并采用镇江特产质地极细的泥砖精心磨制,经千锤百炼,制作成剪刀刀口,再用镇江泥砖磨削;二是剪刀表面的手工刻花技艺,造剪工匠在剪刀表面刻上西湖山水、飞禽走兽等纹样,栩栩如生、完美精巧。

在中国刀剪剑博物馆的剪刀展厅里,"张小泉和他的剪刀"是一个重要单元[1],不仅陈列有数百件不同时代的张小泉剪刀精品,而且别出心裁地将清代张小泉剪刀铺按原样搬进了展馆,江南风格的二层小楼,大门上悬着黑底金框的张小泉金字招牌,前店后作坊的铺子里,还有正在卖剪刀的伙计。

刀剪剑博物馆所展示的杭州传统工艺

在手工艺活态展示馆里,80 岁的施金水老人有时会亲自指导和展示剪刀制作工艺,他是文化部第一批非物质文化遗产项目代表性传承人,他和他的徒弟们现场演示粗磨剪坯、淬火、嵌钢锻打、细磨等一系列的工序。

西湖绸伞、王星记扇子、张小泉剪刀所代表的许多传统的手工艺品,在今天已经不再是人们生活日用的必需,由于其制作工艺多十分复杂,原材料成本较高,在市场上大多无法与机械化生产的日用品竞争,面临工艺失传的困境。王星记扇厂在改革开放后经历 5 次搬迁,"三星牌"手工黑纸扇已无人会做;张小泉剪刀中的嵌

---

[1]　中国刀剪剑博物馆的剪刀展厅共有五个单元,分别是：剪刀起源和演变、我们生活中的剪刀、中国著名剪刀业、张小泉和他的剪刀、剪刀的制造。

钢工艺也后继乏人,施金水老人原有 3 个徒弟,现在只剩两个,连他的儿子们都不愿跟他学手艺①。如今,保护这些非物质文化遗产的观念日益深入人心,将这些传统工艺请进博物馆,通过政府和民间渠道保护并传承这些技艺,将发达的手工业文明,及工艺美术的魅力向世人展现,是当代博物馆的重要功能。

2013 年 9 月,杭州手工艺活态展示馆经扩容重新开放,面积由原来的 1500 平方米扩大到 3000 多平方米,入驻的非遗手工艺将从原有的 9 项增加到 22 项,新增项目有富阳竹纸、桑蚕丝织中的缂丝、绢织等。

三、文化旅游娱乐功能

杭州是国家首批命名的历史文化名城,是中国七大古都之一。杭州也是著名的风景旅游城市,素有"上有天堂,下有苏杭"的美誉。良渚文化、吴越文化、南宋文化、明清文化和近现代文化,构成了杭州文化的完整序列,留下了极其宝贵的历史文化遗产。长期以来,文化之城与旅游之城就是杭州两个相辅相成的称谓。旅游与文化密不可分,文化是旅游的灵魂和支柱,旅游是文化的依托和载体。无论是西湖游、钱塘江游还是运河游,都不单纯是自然景观的观赏,而同样离不开丰富的历史人文内涵;反之,旅游又是挖掘文化内涵,丰富优化文化,保护传承文化,促进文化交流与传播的有力载体和途径。

桥西博物馆群,作为运河文化游的一项重要内容,是杭州旅游的一个新景点。运河文化,是杭州文化的一个重要组成部分。京杭大运河,全长 1794 千米,是世界上最长的人工运河,始修于春秋时期,全程贯通于 1293 年,杭州段是运河的最南端,主要修建于隋炀帝时代,至今已有 1400 余年历史。由于其地理位置的特殊性,在杭州运河两岸形成了特殊的建筑、民俗、物产、饮食、礼仪等文化风貌,造就了杭州运河文化。随近代交通运输业的发展,运河航运走向衰退,以往的京杭大运河已破败不堪,多处河段淤塞,无法通航。2006 年起,杭州市政府投资 20 亿元开始了运河一期综合整治与保护开发工程,现已基本完成,运河已成为杭州旅游的一个富有特色的新景区,主要景点集中在拱墅区段,包括拱宸桥、卖鱼桥、御码头、乾隆舫、香积寺、富义仓、运河天地等,其中桥西博物馆群是最具杭州特色、运河文化风情的一个人文景点。这几个国家级博物馆之所以建在杭州,与杭州传统手工业的优势有很大关系,无论是伞、扇还是刀剪剑,都是杭州的历史名产,文化遗存。

---

① 详见《钱江晚报》,2012 年 11 月 11 日版。

运河旅游，是风光之旅、是历史之旅，也是文博之旅。在拱宸桥的桥东，是运河文化广场，京杭大运河博物馆就建在广场的南侧。该博物馆以"运河推动历史，运河改变生活"为主题，既是一个运河文化的展示窗口，也是运河文物与运河史料的收藏中心与研究中心。沿运河往南，还有不少文保遗址：如运河与胜利河交界处的富义仓，建于清光绪六年(1880年)，是清代运河漕运文化的见证；如大兜路的厂丝储备仓库，是建于新中国之初的典型仓储类工业遗产建筑；又如原大河造船厂旧址的运河天地，保存了原造船厂的9幢老厂房；还有拱宸桥、广济桥等古代拱桥建筑，都是省级以上的文物保护单位。

手工艺博物馆群所在的拱宸桥桥西历史街区，是运河旅游中的重要一站，街区保留了大量传统民居建筑，有沿河的住家与码头、合院式的传统民居，也有民国时期的里弄建筑、五六十年代的简易"公房"、八十年代的"筒子楼"等，保留有丰富的历史遗存。

按照国家文物局目前的计划，2014年京杭大运河将申报世界文化遗产。该项目涉及全国8个省，35个城市，共132个遗产点，其中杭州共有7个点，分别是杭州凤山水城门遗址、杭州富义仓、洋关旧址、通益公纱厂旧址、杭州拱墅运河历史街区(桥西历史街区、小河直街历史街区)、水利通判厅遗址(含乾隆御碑)、西兴过塘行及码头。

桥西手工艺博物馆群的旅游娱乐功能不仅体现在它是运河景点的一个有机组成部分，更体现在它自身所具有的娱乐功能之中。传统博物馆多以严肃深邃的面目出现，总是被视为一个接受教育的场所，比起博物馆来，人们通常更愿意去电影院、卡拉OK或是其他大众娱乐场所。新博物馆理论以大众化和娱乐化为目标，以彰显个性、满足不同文化需求为定位，力求拉近博物馆和普通人群的心理距离。

桥西手工艺博物馆是在"新博物馆"理念下打造的亲民娱乐型博物馆群。首先，该博物馆群主要以弘扬近代工业之美为主题，将厚重的历史呈现于精美的的扇、伞等工艺品之中，给参观者以美的享受。其次，强调地方特色，引起本地参观者的怀旧情怀和乡土自豪感，也吸引外地游客了解和体验杭州文化；再次，大量运用声光电等当代多媒体技术，如伞博物馆中有一个"许仙断桥遇白蛇"的3D视频，立体感极强，美轮美奂，很吸引眼球；此外，博物馆提供大量可参与的体验项目和互动装置，如"刀剑重量体验"，参观者可以亲手试握各种刀剑，感受其握法和重量；如"扇走阴霾"，参观者可试用一柄大型羽毛扇扇走一幅壁画中的乌云，都很好玩。在各馆区，还配备了一些休闲设施和购物点，方便游客们休息购物，作为博物馆旅游的一部分，张小泉剪刀、王星记扇子等都有专区购物点，提供正宗、高质量的特色旅游纪念品。

作为一个全新的人文景点,桥西手工艺博物馆群所担负的责任,不仅是杭州运河文化游、历史街区游、近代工业游的一个部分,也是杭州建设"博物馆城市",提升杭州文化形象的一项重要内容,体现了博物馆在彰显城市文化个性和魅力方面的独特功能。

四、教育功能

社会教育是现代博物馆的基本功能之一,是博物馆收藏与研究的根本目的,也是博物馆存在的价值和意义。在 21 世纪各种大众文化消费兴起的时代背景下,博物馆参观作为学习文化、了解历史一种必不可少的方式,日益被社会所重视。而以博物馆的藏品资源让观众得到文化的熏陶和历史的体验,也是博物馆的职责所在。

桥西手工艺博物馆群自建成开放起便自觉地成为青少年学习的第二课堂,也为各年龄层次的参观者提供学习的机会。其教育的形式多样,有工美主题的系列讲座——工美大讲堂,由博物馆邀请工艺美术界有影响力的专家、大师,与观众进行面对面的沟通交流;有流动博物馆,将博物馆展品、图片、活动送入学校、社区、老人院等;有定期的工美之家培训中心的培训班,面向青少年和成年人招收学员,主要课程包括民间剪纸、烙画艺术、风筝艺术、刺绣艺术和各种创意手工;还有不定期举办的各种工美活动和夏令营、冬令营,如"张小泉杯"少儿创意剪纸大赛、母亲节亲子工美活动、"DIY 玉兔迎新春"冬令营活动、"我和非遗的夏日之约——手工达人营"夏令营活动等等。在博物馆提供的"我的工美 V 学堂"导学目录中,共列出了五大博物馆第二课堂活动项目 30 余项,还有针对学生团体的团队活动套餐,让同学们在参观的同时学习和体验某一项手工艺品的制作。

以手工艺为主题的桥西博物馆群,在社会教育方面具有独特的功能:第一,手工艺历史知识的教育。刀剪剑扇伞工艺,都是我国辉煌灿烂的文化历史的组成部分,源远流长,几千年来经过历代工匠的不懈追求,创作出各种巧夺天工的工艺品,留下了极为丰富的工艺美术遗产,参观这些博物馆能学到课堂之外的相关知识。特别是具有杭州地方特色的手工艺文化知识,是其他地方难以学到的。

第二,手工艺技能教育。作为学校教育的补充,学习一些传统手工艺技能,既能使青少年学生掌握一些生活技能,为将来进入社会做好准备,也能让学生们在繁重的学校课业之余得到娱乐和享受。培养青少年对手工艺的热爱,也有助于我国非物质文化遗产的传承。通过博物馆来寻找有志于手工艺的青少年,师从老艺人,挽救一些快要失传的工艺,正是桥西博物馆群正在进行的一项工作。[①]

第三,审美教育。美学教育,是博物馆教育功能的重要部分,参观博物馆,可以丰富人们的生活,愉悦人们的心灵,启发人们的智慧,使人们视野更加开阔。刀剪剑扇伞,既是传统的生活必需品,也是具有审美价值的工艺美术作品。在桥西博物馆群,可以看到不同国家、不同时期的精美手工艺品,参观者不仅可以得到美的享受,而且可以了解学习各种不同的美学风俗和习惯,以培养自身的审美情趣,提升道德情操。

杭州桥西手工艺博物馆群,是一个成功的新型专题博物馆的典型。近年来,我国博物馆建设正受到越来越多的重视,博物馆的数量已由 2000 年的 1300 多座发展到 2011 年底的 3500 多座,然而许多博物馆却因缺乏吸引力而门庭冷落,无法实现其预计的功能。研究桥西博物馆群的功能实现,对专题博物馆的建设无疑具有积极意义。

第四节　以杭帮菜博物馆为例的地方特色博物馆研究

中国杭帮菜博物馆,是中国最大的一座地方菜博物馆,是在近年来杭州市打造"休闲美食之都"的理念下建设的新型博物馆,于 2010 年设计完成开始建造,2012 年 3 月开馆,是一座集展示、体验、培训、品尝于一体的,兼具公益性、专业性、兼容性的美食文化特色博物馆。

中国杭帮菜博物馆建在凤凰山麓南宋皇城遗址旁的江洋畈生态公园内,南临钱塘江,北傍莲花峰,西连虎跑泉,东靠八卦田,总建筑面积达 1.3 万平方米。博物馆所有建筑都临水而建,墙面设计成竹林模样,碧绿通透,玲珑有致,屋顶为错落的锯齿状,灰瓦与红瓦上有斑驳的野草,建筑掩映于江洋畈公园的湿地环境中,十分和谐。

除了秀美的外观,博物馆的内涵亦十分丰富。从良渚文化的"稻饭鱼羹"到南宋宫廷御膳"螃蟹酿橙",从苏小小夜会情郎时的"鲈鱼脍"到岳飞家宴上的"蒸腊肉",从清代将军宴上的"满汉全席"到普通市民百姓的"门板饭"……每一道菜都细细地标明了文献出处,历史典故,如马可波罗游记、清代美食家袁枚的《随园食单》,

---

① 陶学锋,许潇笑.从"无形"到"有形"——杭州手工艺活态馆保护和传承非物质文化遗产的实践.博物馆,2011(1).

或是从大批杭州老字号餐饮酒店里收集到的菜谱中提炼精华。这使参观者不仅能目睹各种杭州美食，也能从中感受到不同时代的饮食文化，了解其中的社会历史变迁[①]。

在杭州诸多专题博物馆中，杭州菜博物馆既不是规模最大的，也不是藏品最丰富的，事实上，从博物馆作为文物收藏研究的机构传统界定而言，杭帮菜博物馆馆藏的文物很少，大量精美的展品都是仿真制作的各式食物菜品的模型，这些菜模色彩鲜艳，盛放于精制的碗盘器皿之中，仿佛散发着诱人的香味，令人垂涎欲滴。

杭帮菜博物馆最重要的特点是主题鲜明，专业性强。杭帮菜虽不属中国传统八大菜系，然素来博采诸家之长，独树一帜。近些年来，汲取众家之长的杭帮菜在餐饮界异军突起，获得了很好的口碑。华夏大地，从北到南，从东到西，几乎每个大城市都可以看到杭帮菜的影子。博物馆内的布展设计主要由浙江工商大学承担，陈列分 10 个展区，以大量的文字图片史料结合实物，梳理上至良渚时代，下到现当代的杭帮菜发展的历史脉络，同时以点带面，模拟复原了近 20 个历史场景的真实原貌，如岳飞家宴、南宋宫廷宴会、俞园师生宴等，对历史文化进行了鲜活的演绎，是杭帮菜食料、工具、工艺、菜品及食用者文化行为的一次考古学意义的历史再现，展示手法可谓别具一格，具有很强的专业性。这次仿真菜制作，光从历史文献记载中还原的点心就有 90 多种，其中二十四节气点心，当数其中精华：有立春时节的枣糕、雨水时节的四色馒头、立夏时节的阿弥糕、霜降时节的春兰秋菊露等，都是以前杭州人适时吃的。

很多失传的菜肴，也被复制展示了出来。譬如有一道菜"云林鹅"，清代袁枚所著的《随园食单》中有记载，很精妙："整鹅一只，洗净，用盐三钱擦其腹内，塞葱一帚，填实其中，外将蜜拌酒通身满涂之。锅中一大碗酒、一大碗水蒸之，用竹箸架之，不使鹅近水。起锅时，不但鹅烂如泥，汤亦鲜美"。知味观·味庄副总经理刘国铭对这道菜进行了深入研究，从烧制工具到盛放器皿都下足了工夫，经历时数月的不懈努力后终于完成。

杭帮菜博物馆的第二个重要特点是地方风格明显，突出杭州文化传统。江洋畈生态公园原是凤凰山下的一处沟谷，原为堆积西湖疏浚工程中的淤泥之处，长期以来形成了类似于天然沼泽的自然环境。博物馆的外观设计由中国建筑设计院承担，设计充分利用了湿地公园的自然风貌，以江南的灵巧秀雅为其精神内涵，将整个建筑群静静地掩藏在大片水域边的绿树和芦苇丛中，"借丘陵之势，取茅庐之意，

---

① 蔡姬煌.在杭帮菜博物馆,品老杭州味道.中国旅游报,2012-03-26.

草顶起伏错落,灰墙高低组合,体态婉延伸展,空间流动开放,矮墙围出后园,栈道深入芦荡"①。与做工精细、口味清鲜、色香味俱全的杭帮菜一样,散发着淡雅清香的杭州味道。

中国杭帮菜博物馆外观

进入博物馆,第一眼看到的就是一幅 19 米长,1.9 米高全景《美食天堂盛景图——南宋京城饮食文化大观》。苏轼曾说"天下酒宴之盛,未有如杭城也",该画面气势恢宏,将"三面云山一面城"的帝都风貌尽揽画中,西湖、钱塘江、大运河镶嵌于群山楼宇之间,画中"河市同行"、"连门俱市"、"无一家不买卖",集市、酒庠、官私大酒楼、茶坊、食埔、点心店,鳞次栉比,"天下所无之物悉集于此",一派皇都气象。游人一进门多被这幅巨画所吸引,对杭州历史悠久的美食文化激起深深的好奇之心,对杭州城市全貌也有了一定的了解。

除了大量的杭州菜肴、食具、食谱等展品外,在博物馆二楼还有一幅独特的书法。上面写的是各种杭州话中带"儿"字的食物,有咸件儿、葱包桧儿、肉圆儿、辣几儿、门板儿饭、片儿川等,常常能见到有杭州本地人站在这幅作品前一个词一个词有板有眼、字正腔圆地念着这些食物名,也不时有些外地游客磕磕绊绊地念着,一边互相讨论这些杭州味儿十足的名词可能代表着什么食物,显得情趣盎然。

杭帮菜博物馆的第三个特征是其突出的休闲、旅游风格。正是在杭州打造"休

---

① 周旭梁,崔恺,王薇.印象杭州——中国杭帮菜博物馆.建筑学报,2013(2).

杭州话中带儿话音的食物名称

闲美食之都"的理念下,许多具有杭州文化特色的新景点新设施得以建设开发。近年来新建的博物馆如运河边的中国伞博物馆、扇博物馆、刀剪剑博物馆、京杭大运河博物馆等,都已成为杭州运河游的热门景点,游客必到之处,而地方美食,更是旅游活动重中之重,是杭州开发旅游文化品牌的重要一步。据了解,在 2007 年,杭州市委、市政府就已提出培育发展十大特色潜力行业,深化实施旅游国际化战略,推动杭州作为旅游目的地城市在功能、产品、服务、管理等方面的创新发展、领先发展。而餐饮美食是"十大战略行业"之首,成为杭州旅游发展的主力军。可以说杭帮菜博物馆,是对杭州饮食文化的一次挖掘、梳理和发展,围绕当今旅游发展的新形势,在传统杭帮菜的基础上,开发探索新杭帮菜的发展路径,籍此提升杭州这个旅游休闲名城的整体品味。

　　杭帮菜博物馆是一家专业性强、杭州味道十足的博物馆,参观这家博物馆,能给人们带来丰富的有关餐饮文化和历史的知识,然而它不仅是一家"好看"的博物馆,还是一家"好吃"的博物馆,除了展区之外,还有餐饮区。餐饮区开辟了一大间"钱塘厨房",平时为广大散客提供餐饮服务,供应正宗的杭州风味的餐饮,菜式物美价廉,色香味俱全,又加上餐厅面对江洋畈公园湿地水域,推开玻璃钢门,直接就是木质栈道和亲水平台,风光与美食,的确让人心旷神怡。在一定的活动日(每月10 日),钱塘厨房还会定期推出"杭帮菜大师讲堂"的活动,由杭帮菜大师们进行烹饪表演与示范,普通市民和游客都可以跟名师大厨学习手艺,有时还会举行杭帮菜美食菜肴大赛,还设有电视饮食节目的直播间。

除了"好看"、"好吃",杭帮菜博物馆还是一个"好玩"的地方。在室外互动区的爽园,设置了打年糕、做馒头、磨豆浆等活动。室外亲水平台,可参与饮食文化沙龙,及吃杭州菜,说杭州话,唱杭州戏等节目。

如今的杭帮菜博物馆,不仅是一个展示杭州饮食文化的场所,而且是广大市民亲友聚会、吃喝玩乐的常去的地方。在大快朵颐、享受美食之后,还能在江洋畈湿地公园散散步,看看鸟,这使杭帮菜博物馆成为杭州休闲品质生活的一道新风景。

第四章　杭州的群众文化

　　群众文化是广大群众社会生活的生动反映和精神创造活动的重要表现,是承载和寄托老百姓理想信念的精神家园。在公共文化服务体系中,群众文化是极为重要的一个部分,发挥着不可替代的重要作用。良好健康的群众文化,不仅能"以文化人",提升大众的文化素质,开发智力、启迪智慧,而且可以提高群众的精神水准,培育社会主义核心价值观,以正确的社会观念和道德标准熏陶、培育出良好的思想品德修养。

第一节　杭州的群众文化概况

　　群众文化,是公共文化中极其重要的一个部分。从根本上讲,国家文化事业建设的目的就在于为广大群众服务,丰富和发展群众的文化活动。

一、群众文化的涵义、特征与功能

　　群众文化是一个具有特定涵义的集合概念。由于"群众"一词在不同的时间和不同国家地区的理解差异,因此对群众文化的解释往往略有不同,例如社区文化、人民文化、休闲文化、大众文化等称谓都常被用于指称群众文化。在当代中国,"群众文化学"是社会科学领域一门新兴的学科,是研究群众文化的本质与运动规律的科学,其理论研究领域包括群众文化的起源和发展历史、群众文化的主体研究、群众文化社会功能的研究等等,从学科分类上讲,与文化学、社会学、人类学、民俗学等学科都有密切关系;而其实践研究领域则多是以各地文化馆、站为中心,研究宣传教育、业务开展、骨干培训以及搜集整理民族、民间文化遗产等具体活动。

　　近年来,随着西方社会科学研究方法引入,社会学、人类学等实证方法在中国社科理论界被广泛运用,对群众文化学领域造成了深刻的影响,即理论研究与实践研究日益融合。原来以宣传教育为方向和目的的研究开始转向对不同主体、不同地域文化特征的研究。强调文化的主体性、自觉性，成为研究的主流。社区文化因此成为群众文化研究的焦点与核心。

群众文化的特征，首先是其群众性。群众性是群众文化最显著的特征。所谓群众性，主要是体现在群众文化的普及程度、参与性以及原生态化。群众文化相较于专业文化，其形式上更加自由随性，所含专业技术相对较低，因而普及程度极为广泛，群众参与几乎没有任何门槛，在相当多的地方还保持着其特殊的原生态性。普及程度意味着无论在何种时间与空间，无论参与者自身的文化、年龄、素养为何，都有着最广泛的群众主体，群众是创造者也是享受者，他们的一切文化行为都是创造自身文化的诉求和自身文化需求的结合，而有些群众文化活动形式甚至可称为"土得掉渣"，但是却是任何专业文化均无法达到的最接地气的呈现。

其次，群众文化具有自娱性。自娱性是群众文化的外在特征，它是群众文化最直接的目的。群众文化的主体是广大人民群众，其参与是自觉自愿的，而丰富多样的活动在一定程度上已经成为他们生活内容的一个重要组成部分。人类在满足了基本温饱之后，自然会产生娱乐的需要，产生求美的需要，于是通过直接或间接的形式参与到各类活动中，在体验与感悟的过程中获得一定程度的自我满足。从颇具名头的江西永丰的农民画、陕西安塞的大腰鼓、湖南汨罗的龙舟竞渡，到杭州随处可见的公园太极晨练、极为热闹的大妈广场舞，所有参与者都在尽情地投入中得到自我娱乐。

再次，倾向性是群众文化的内在特征。群众文化生成于群众并对广大人民群众进行宣讲教育，群众文化活动则成为一个进行宣教的有效平台。党中央提出一定要加强社会公德、职业道德、家庭美德教育，弘扬中华传统美德，弘扬时代新风。推进公民道德建设工程，弘扬真善美、贬斥假恶丑，引导人们自觉履行法定义务、社会责任、家庭责任，营造劳动光荣、创造伟大的社会氛围，培育知荣辱、讲正气、作奉献、促和谐的良好风尚。群众文化活动所具有的参与群体广泛、参与自觉、内涵丰富等特点，实际上形成了一个提供寓教于乐、受众广泛的宣传教育平台，其倾向性是显而易见的。

此外，传承性也是群众文化的特征。所有文化都具有传承性，群众文化也不例外。当今社会，不同地区和民族都非常重视自身的文化形象，希望通过良好的社会文化形象带来丰厚的经济、文化、社会和政治利益。群众文化活动具有大众性，随处可见，最可以向外界展示当地的风土人情和生活习俗，成为城市或民族最直观、生动的象征符号。要塑造一个地区的文化形象，最简单、最直接的方法就是以当地的历史环境、地理环境、风土习俗为基础，大力创新和发展具有当地特色的群众文化活动。通过对群众文化活动的传承和创新,使得城市和民族的美好形象得到更好的延续和传播。我国很多地区都抓住社会文化大发展和保护非物质文化遗产的历史机遇加快群众文化的发展步伐,借助先进的现代媒体技术,积极发展和宣传当地的民族特色。比如杭州着力打造西湖文化特色的各种活动,像大型主题展示表演《西湖印象》等。一些少数民族如大型原生态歌舞《云南映象》就是云南省多民族的形象符号,生动展现了云南的风土人情。

人类社会发展到今天,各个国家、民族都保留了较为完整和独特的针对某一事件或者节日的仪式。因为群体文化的主体类型的特性,导致人们对传统文化的继承不自觉地体现在群体文化的各个活动当中,大到某一活动类型,小到某一舞蹈动作,都传承了某一国家或者民族的特有文化。在传统文化逐渐消失的今天,群众文化的这种不自觉的传承性将对我国的非物质文化保护起到至关重要的作用。

在任何一种形式的文化中,群众文化一定占有极为重要的地位,它所起到的作用也是十分明显的。

首先,群众文化具有娱乐作用、娱乐功能。人们创作群众文化、参与群众文化活动、享用群众文化成果,最直接的目的和最主要的需求就是为了娱乐和休闲,在这个过程中得到休息、放松、愉悦。群众文化在历史的长河中之所以能够经久不衰,源远流长,生命力日趋旺盛,很大程度上得益于它扎根民众、娱乐民众,给群众带来极大的精神愉悦和美的享受。旋律优美的音乐,绚丽多彩的书画,强身健体的活动,都会让人精神振奋、心旷神怡、充满活力。同时,群众文化还能够激发人们的审美情趣和能力,使人们在娱乐中得到体力与智力的锻炼。

群众文化是群众直接可以触摸的文化,通过社区文化、企业文化、家庭文化等日常性及各种主题性群众文化活动,以群众最迫切的需求组织文化活动,对激发人们的参与热情、缓解竞争压力、舒缓精神压力等起到了重要作用。在各种健康的业余文化活动中,群众通过多种形式展示风采,享受了艺术文化给他们带来的身心的放松与共鸣,让群众快乐地参与到群众文化活动中,愉悦地享受丰富的生活,引导广大人民群众追求积极向上的精神文化品位。

第二,群体认同作用。人类个体,都将经历从生到死的一整个过程,其间经历出生、成长、婚育、退休、死亡等各个阶段,各种礼节仪式伴随着人的一生。人类必须在群体中存在,因此形成各种群体的活动,日常生活中伴随着很多仪式,例如新生儿满月、生日宴会、乔迁之喜、婚庆典礼、寿宴等,不同的仪式有不同的规矩、习俗和礼仪。在仪式中如果加入一些丰富多彩的群体性歌舞、群体性游戏等群众文化活动,既可以去除活动的单调,也可以增加仪式的正式性和严肃性。群众文化活动把很多人聚集在一起,通过群众文化活动,可以增强人与人之间的凝聚力,增强社会的团结,保持社会的稳定。在我国的少数民族村寨和很多发达城市,仪式中加入群众活动都可以有效促进群众之间的联系和团结。

在人口流动特别频繁的当代中国,主体的被认同需求常常显得十分强烈,群众文化活动已成为群体认同的工具之一。参加到群众文化活动中,能增进人与人之间的沟通和交流,提高人与人之间的信任、团结和互帮互助,迅速地溶入群体生活,有助于调节人的精神状态,提升安全感和幸福感。

第三,宣传教育作用。由于群众文化具有广泛的群众性,使得群众文化自然地成为十分重要的信息传播载体。群众文化的宣传功能主要是通过人们口头传诵、代代相传实现的。这种传播信息的方式具有便于交流、信息内容丰富、传播快速等特点,特别体现在道德规范等内容的宣传教育上。公民道德建设主要依靠居民自身道德意识的提升,还有就是社会氛围的熏陶,因此,注重群众文化中的宣传教育工作对公民道德建设具有很高的价值。一些地方专门设置了"城市讲坛"、"道德讲堂",通过宣讲发生在自己身边的凡人琐事,引导人民群众注重道德规范,从而达到不断提升市民的文明素质的目的。

第四,团结凝聚作用。和谐社会需要和谐融洽的人际关系。人与人之间需要各种关系的润滑,群众乐于参与、便于参与的群众文化,无疑便成为优化这种关系的润滑剂,从而实现人与人之间的和谐,实现整个社会的和谐。[①]

二、杭州市的群众文化建设状况

"东南形胜,三吴都会,钱塘自古繁华。烟柳画桥,风帘翠幕,参差十万人家。"宋代著名词人在《望海潮》一词中,描写了当时杭州都市生活的繁华景象。在距今5000余年前的良渚文化时期,杭州一带就出现了高度文明的社会生活,随着历史长河的滔滔奔涌,此区域的社会文化日益繁荣丰富,而进入新时期更是达到了一个前所未有的高峰。杭州的群众文化在历史长河的奔涌中不断发展,从自发到自觉,从小群落点缀到全区域铺陈,特别是改革开放后的蓬勃兴盛,创造了一个举国瞩目的典范。

群众文化的兴起与发展,需要一个良好的基础。杭州市政府高屋建瓴,不但具有先进的理念,而且舍得大手笔投入,汇聚各种力量倾力打造,经过数十年的经营,杭州市的群众文化活动已经成为杭州市一张闪亮的城市名片,也成为杭州人民引

---

① 胡守勇.群众文化的社会功能和文化价值浅析.河南大学学报(哲学社会科学版),2012(4).

以为豪的形象展示。

1. 强化科学规范的政府主导

在发展群众文化中,政府起着主导性的作用。杭州市政府确定了建设文化城市的基本思路,坚持以提高人民群众文化生活品质为主题,通过建设四级公共文化服务体系来发展群众文化。在《杭州市文化事业"十一五"规划》和《杭州市"十二五"文化广播影视新闻事业发展规划》的主导思想下,政府先后出台了一系列推进杭州市群众文化建设的文件,逐步形成了一整套具有主导性的科学的群众文化发展规章制度。

杭州市政府在主导群众文化发展的过程中,注重整合资源,引导特色发展。群众文化的发展所利用的资源是非常广泛丰富的,尤其是厚重的文化传统资源,如何充分利用好这些资源,促进群众文化向着好的方向发展,形成具有特色的文化,是必须予以高度重视的。杭州市有科学独到的思考:一是集中力量打造优质、龙头文化资源,有效利用文化资源,使其发挥文化辐射作用;二是坚持政府在群众文化活动中的主导作用,协调多方文化资源,实现文化资源共建与共享;三是尝试推进群众文化活动的市场运作,利用一切社会文化资源与力量,提高文化社会参与度。因为抓住了文化创新的契机,从而有力地推进了群众文化工作的新转变,开创了群众文化的新格局,建立了高效的群众文化工作运行机制。

在注重资源配置的同时,杭州市政府也十分关注群众文化的队伍建设。群众文化队伍的数量和素质,直接关系到群众文化开展的广度和深度。在现有的体制中,从事群众文化的主要是市文化局、各级文化馆、文化站的专业人员。而随着群众文化中"人文关怀"地位的日益突出,越来越多的人投身到群众文化的志愿者队伍中。这些志愿者来自各行各业,年龄层次和文化修养差异较大。因此,通过组织专业人才对这些致力于从事群众文化的社区干部和志愿者经常性的培训,不断提高群众文化工作者的素质,能帮助他们更好地从"人文主义"的角度与群众沟通、交流,促进广大群众的参与和支持。在政府的大力支持下,近年来,杭州的群众文化工作者和志愿者的综合素质都有了很大的提高。根据中共杭州市委宣传部2010年底的统计数据:全市拥有专职群文干部971人,有6012支城乡业余文艺团队,集聚了8.5万活跃在街道、乡镇、社区、村落的业余文化工作骨干。

在政府关于群众文化的规划中,杭州市特别注重城乡一体化的统筹发展,着重扶持相对薄弱的农村地区群众文化。与"东方品质之城、幸福和谐杭州"的要求相比,杭州农村文化建设还有较大差距,特别是在传承优秀文化、弘扬文明乡风、培育农民素养等方面还需要进一步提升。2012年起,临安市率先探索兴建以构建精神家园为内核的农村文化礼堂,2013年开始在全省范围内推广。农村文化礼堂主要包括礼堂、讲堂和文体活动场所,可举办节庆典礼、文化仪式活动、村民议事及放映电影等。礼堂可新建,也可由旧祠堂、已有会堂、闲置校舍、厂房等改建,讲堂在功能上与基层党校、老年学校、农普科技学校等共建共享。杭州市在农村文化礼堂的建设中,一直起着带头和示范的作用,2013 年是杭州市农村文化礼堂示范建设年,市级财政安排 2000 万元农村公益金,作为农村文化礼堂建设专项资金。以改建、提升、修缮为主,重点选择文化底蕴相对深厚、人口相对集中、基础设施较好的精品村、中心村、特色村为实施村,在全市建设一批具有示范引领作用的农村文化礼堂。杭州市并成立了农村文化礼堂建设工作领导小组,制订五年计划,争取在全市推广,实现"一村一色"、"一堂一品"。

2. 提供充分有效的物质保障

任何文化的发展,一定是建立在与之相匹配的物质基础之上的,尤其是进入现代化社会,物质基础更加显示了不可或缺的重要性。优质的群众文化活动,离不开一定的财政投入,特别是在文化基础设施建设方面的投入。杭州市在城市文化发展的长远战略规划中,明确了发展优质文化的目标,在物质保障上绝不打折扣。加强群众文化基础配套设施建设,将群众文化基础设施建设纳入政府规划与财政预算,使群众文化设施建设与群众文化发展、地区建设相适应,通过加强文化设施建设,打造地区文化中心,使群众文化产生强烈的辐射力与影响力,带动其他产业的发展。群众文化建设方面投入占总的文化投入的比例逐年提高,文化站等场馆以翻番速度建设,社区环境、改造项目、传统发掘、非遗保护等均得到优先考虑,专兼职队伍人员不断壮大,市、区大型文化活动的打造更具有影响力。

在投入机制上,杭州市政府也开拓思维,大胆创新,发挥公共财政"四两拨千斤"的作用,提高政府资金投入效率,加大吸引社会资金参与文化发展项目的力度。能够由社会投资建设的文化项目尽可能利用社会资金建设。对于群众文化活动,各文化馆、各文化站已基本实现了免费开放,同时积极鼓励企业、个人参与投资,将群众自发的文艺活动和商业性活动结合起来,使投资者和参与者取得双赢的结果。

3. 创造优良时尚温馨的人居环境

所谓环境,是指人类主体之外的各种外部条件的总和,包括自然环境与社会环境。杭州群众文化的建设发展,创造出优良、时尚、温馨的人居环境,使得杭州成为人们乐意安生的乐土。

首先是政治环境的良好。杭州市政府为群众文化创造了一个宽松有序的环境。政府不仅从政策层面进行一系列的规划,还坚持在具体的实施过程中给予大力的扶持。

在经济环境的营造上,努力做到大而有当、奢简合度,力争效率达到最大化。

改革开放以来,杭州的经济获得了巨大的发展。发达的经济为群众文化发展提供了良好的前提条件——设施的完善,交通的便利,场地的拓展,资金的充分等,为群众文化活动的开展搭建了一个十分优越的舞台。正是因为有了这样的舞台,杭州群众文化才有了今天的高度。如在一些有着"城市名片"称谓的品牌设施与品牌活动上,不惜大手笔大投入,充分彰显出杭州市群众文化特有的品质。即使是最基层的群众文化活动,诸如社区节庆晚会、广场集体舞等,也给予一定的经济投入,以激发人民群众积极参与的自觉性。

作为一个历史文化名城,杭州的文化环境有先天的优势,而新时期更是将现代化融入传统之中,创造出一种别样之美。杭州市有着十分丰富的历史文化遗存,特别是非物质文化遗产,更是取之不尽用之不竭的资源。从传统文化中寻找文化因子,创造出现代群众文化活动品牌,如充分利用节日文化,开展形式多样的文化活动等。上城区等充分利用传统节日,适时地开展相应的文化活动,吸引人民群众的参与热情,像元旦万人长跑,中秋佳节吃月饼大赛等。拱墅区以运河申遗作为契机,打造"运河文化"特色的群众文化,如先后举办了千年运河龙舟赛、运河广场歌咏会、元宵灯会等具有影响力的区域特色文化品牌。群众文化建设必须充分挖掘一切可以利用的有效资源,开展形式多样的文化活动。

现代社会发展的一个重要标志是科技水平的提高。杭州市在科技环境的营造上也不遗余力,充分运用现代化的科学技术为群众文化服务,使得群众文化充满了时尚的元素。大型"都市山水实景演出"《西湖印象》以西湖浓厚的历史人文和秀丽的自然风光为创作源泉,深入挖掘杭州的古老民间传说、神话,将西湖人文历史的代表性元素得以重现,同时借助高科技手法再造"西湖雨",从一个侧面反映雨中西湖和西湖之雨的自然神韵。以波澜起伏的西湖水为舞台,柔美的水面,变幻的美景,使演出分外的生动自然。西湖的神话和传说在演出中非常自然的复苏,恍惚间,仿佛进入一个千年的美梦。采用独特的升降隐藏式看台,带来分外宽广的视野和独特的俯瞰视角,每一个位置即使不观看表演都是欣赏西湖全景图的绝佳所在。而个人环绕音响系统更是国内首创,结合大型的定向音响系统,带来震撼的音乐感受。杭州历史博物馆的建设,也最大化地运用了现代化的声光色等科技元素,使参观者整个身心都融入参观活动的整个过程。

依托自然环境,优化人文氛围,强调人文元素与自然元素的融合,创造出一个富有文化历史内涵的生态宜居空间。自然环境(亦称地理环境)是指人类赖以生存的地理和生物方面的情况。它为人类所改造和利用,又为人类提供文化生活的物质基础。群众文化生存在一定的自然环境里,因此必定要受其影响。杭州市有着得天独厚的自然环境:地貌类别多样——杭州市西部、中部和南部属浙西中低山丘陵,东北部属浙北平原;气候四季分明,常年葱郁、四季飘香的优美生态;自然资源丰富,杭州市江、湖众多,较大河流有钱塘江、东苕溪和大运河,其中"海面雷霆聚,江心瀑布横"的钱江潮更是以其壮观闻名于世。这个自然环境在历代文化的熏陶中,逐渐形成了一种独树一帜的钱塘文化样式。群众文化在这样的环境中,有了一个非常坚实的自然与人文融合的基础。

4. 打造区域特色文化品牌

"文化是地理环境、生产方式、社会形态等相互作用的产物,它的生成和发展无不带上地方特有的传统。文化积累越浓厚,地方特色越鲜明、越独特。建设大众文化、发展群众文化,离不开地域文化传统。"①因此,群众文化工作要注意充分挖掘地方文化资源,打造具有鲜明地方特色的群众文化。在新时期的群众文化建设中,要注重切合时代特点,发掘时代元素,将时代因素与地方特色结合起来,运用人们喜闻乐见的方式,突出地方特色与时代主旋律,加强对群众文化活动的引导。如被誉为"城市名片"的各类市级活动、各区的特色活动等,这些活动充分展现了区域文化的特色,而品牌化则最大限度地彰显出区别于他处文化内涵与形式的突出性、特征性。

如下城区注重打造品牌活动,并不断将品牌文化活动推陈出新。赋予传统节庆活动新的创意,举办以下城区非遗项目"钱塘灯会"为传承的元宵灯会,开展各类闹元宵活动数十场次,西湖文化广场灯区接待赏灯群众数十万人次,各社区组织居民包汤团、舞龙舞狮、猜灯谜、举办文艺演出等,成为亲近百姓的家门口灯会;同时,"社区文化月"、"永恒的旋律——广场歌会"、"文化送基层"、"文化社区"、"文化超市"、"楼宇文化"、"金石书画进社区"、"下城区群众文艺汇演"、"欢乐广场月月演"、与温岭市开展"风从东海来　阳春西湖情"杭州下城·台州温岭文化走亲视觉艺术大展、"非遗成果惠民生"和命名辖区"非遗成果体验点"、"鲍大妈聊天室"、少儿国学诵读会、"书为媒·情牵手"5.11大型阅读交友活动、运河传文脉·钱潮承古韵"杭州下城·嘉兴海宁文化走亲非遗成果展示活动等。其中2012年,《下城区天水街道积极开展"十千百万个"工程助推街区文化大繁荣》等经验得到有关部门的充分肯定。王星记扇制作技艺、杭州刺绣(宫廷绣)、十竹斋木版水印技艺等多项非遗项目参展2012中国(杭州)工艺美术精品博览会,获得金、银、铜奖16项。

拱墅区紧抓运河申遗契机,大力实施"文化引领、产业提升、城市更新、民生优先"四大战略,成功打造了千年运河龙舟赛、运河广场歌咏会、元宵灯会等具有影响力的拱墅特色文化品牌。同时,以运河文化为主线,以文化商城等企业为龙头,加

---

① 季作恩.开展具有地方特色的群众文化活动.大众文艺理论,2007(11).

快建设运河文化广场和运河博物馆等一批重点项目,初步形成"一城二桥三街四中心"("一城"指文化商城,"二桥"指拱宸桥、卖鱼桥,"三街"指信义坊、小河直街和台州路步行街,"四中心"指大关文体中心、祥符南宋文化中心、舟山东路第二文教中心和信义坊休闲文化中心)大文化产业格局,完成了运河文化景观带上重要历史遗存的修复工作,培育和打造了一批精品亮点,其中中国京杭大运河博物馆已成为国内屈指可数的研究和展示运河文化的权威机构。充分利用运河与拱墅血脉相连的文化优势,打造"运河文化"特色品牌活动。经过多年培育,该区已形成运河元宵灯会、运河文化艺术节、运河龙舟赛、运河健走等在全省乃至全国都有影响力的特色文化活动。

5. 群众文化建设卓有成效

持之以恒的倾力打造,使得杭州市的群众文化取得了非常明显的成效,其主要体现在:

首先,提升了城市整体人文素质。杭州是一座历史悠久的文化名城,在历史发展的长河中,尤其是在城市的现代化建设历程中,整个城市所展示出的人文素质,一定应该是达到先进程度并且在不断提升着的。通过群众文化的建设发展,生活在这座城市中的人们,无论是精神风貌还是具体的行为举止,都充分地折射出特有的文化熏陶而生成的文明高尚友爱上进的特质。近年来杭州群众文化的建设能够非常充分地体现了这一点。

展现历史文化名城现代风貌。群众文化的长足发展,使得杭州市向世界展现了历史文化传统与现代文明有效融合的国际化都市形象。整个城市风貌卓然,显示出新时代的活力,焕发出新时代的光芒。城市风貌是一座城市的形象,人们对于城市风貌的鉴赏体验,一定会留下非常深刻的印象。城市风貌清晰地反映出城市的特有景观和面貌、风采和神态,表现了城市的气质和性格,体现出市民的文明、礼貌和昂扬的进取精神,同时还显示出城市的经济实力、商业的繁荣、文化和科技事业的发达。杭州市在塑造城乡风貌过程中,秉承"建设文化名城"的理念,着力彰显城市历史文化环境形象。① 在群众文化建设规划中,从文化场馆的建设到居民生活社区,从街道休闲绿地到著名旅游名胜,从城市主题宣传活动到市民自发健身娱乐,都充分体现出钱塘文化的独特性,这种具有本土特色的风貌营造,提高了城市形象,也改善了市民生活环境。正是城市风貌得到有效的保持与提升,使杭州市向国际化名城行列迈进了一大步。

---

① 区柳春,等.城市景观风貌规划控制框架的探索.和谐城市规划——2007中国城市规划年会论文集.哈尔滨:黑龙江科学技术出版社,2007.164.

优化城市文化生态环境。区域性特色的群众文化活动,建立在独特的文化生态系统基础上,反过来又优化了这个系统。所谓生态,主要体现在人类与大自然和谐相处的情况下,人居环境与自然环境的和谐共融。按照眼下通行的国际惯例,一座宜居、健康的城市环境,还应该包括洁净的空气、水、大面积绿地以及无噪音污染。基础设施建设是构建良好人居环境、衡量城市国际化的重要标志,是城市发挥服务功能的基础条件,群众文化活动的基础设施建设很好体现了生态宜居特色,如文化场馆的布局与建设,力求与自然的和谐统一,人造建筑成为自然的一个组成部分;如居民集中生活的街区,注重区域的生态化,花草树木、流水涌泉等自然元素缀入居民的日常生活空间,市民充分感受到自然生态元素带来的适意。良好的人文和自然生态环境是城市不断创新和保持社会可持续发展的重要条件,也是国际化城市区别于一般城市的特征之一。

促进市民参与的积极性。群众文化的主体是广大人民群众,因而要让更多的市民都自觉地积极地参与到丰富多样的群众文化活动中来。随着群众文化活动的推进,杭州市民越来越自觉地参与其中。设计群众参与性强的活动形式,是争取市民参与的最直接而有效的手段。如拱墅区创新拓展的“民星大舞台”,确定“传承运河文化,展示拱墅风采”主题,创新民星大舞台展演形式,突出“亲民、悦民、为民”,推出四大展演模式,以“走出去”、“请进来”、“重参与”、“推精品”为主旨,举办群星会、文化走亲、街道群文展演和进基层四大系列公益演出,百姓不仅唱戏免费,看戏也免费,深受百姓欢迎。

增强居民生活的幸福感。杭州市民普遍幸福感增强,其中群众文化的丰富活跃是个极其重要的促成因素。《浙江日报》曾以“老百姓登台唱主角”为题,专门报道了上城区业余团体的广场演出活动,以及区域内广大人民群众踊跃参与的火热场景。记者在不同场合对广场活动的演出者和观众进行采访时,所有人都表现得非常兴奋快乐。在这种环境氛围中,市民们普遍感到身心愉悦,觉得生活很有意义和价值,对未来充满了期待。

第二节　杭州群众文艺团体个案分析

随着社会的进步和人们生活方式的变化,高质量的生活已成了现代社会的普遍需求。在日常的工作之余,寻找自我娱乐、提升自我修养的群众性文化活动,便蓬勃地开展起来。在杭州,市委、市政府一直高度重视群众文化事业,支持和组织丰富多彩的群众文化活动、鼓励和发展自发的群众文化群体、建设积极有效的群众文化队伍、培养发展自身能力强又有号召力的群众文化骨干,以打造杭州的文化品牌,有效提升城市文化软实力。

一、群众文化群体及特征

群众文化群体,是由一些文化爱好者通过一定的社会关系,自愿结合进行文化活动的集合体,其结合的原因往往是因为共同的文化兴趣与志向。群众文化群体的历史悠久,在先秦时代,就曾出现过名叫"社"的自发群体,男女边唱边舞边敲击陶器伴奏。[①] 早期的群众文化群体,或因共同劳动从生活中寻求放松和娱乐,或因共同组织参与祭祀等活动而进行艺术创作和歌舞,这些都是早期人类物质生活水平和社会交往水平达到一定程度的体现。

群众文化群体是由群众文化爱好者组成的。凡参加群众文化群体的人,都对文化活动有着浓厚的兴趣,自愿把宝贵的业余时间和精力投入文化活动中。作为"生活品质之城",提高生活品位、提升生活质量是杭州人民的共同追求,而群众文化爱好者也越来越多。这些文化爱好者构成的群体有着各种不同的爱好,包括戏剧、文学、曲艺、绘画、音乐、舞蹈、摄影等,他们因拥有相同的爱好而结成一定的群体,经常定期或不定期地在一起共同活动、交流技艺。

根据他们活动的不同性质,群众文化团体可以分为创造型、求知型和康乐型。创造型群体的活动内容多为文化创作,如从事文艺创作讨论或文化理论研究,这类群体成员多具有一定的文化创作能力,相对而言文化素养较高。近年来,这类群体在高校、研究所和一些文化机构中发展较快,创作了大量的文化作品。例如在杭州各高校,活跃着许多话剧社团,有浙江大学黑白剧社、杭州师范大学流霞剧社、中国美术学院黑匣子剧社、浙江传媒学院 B&G 剧社、杭州电子工业大学杭电剧社等,这些剧社成员多是高校教师和学生,他们在学习工作之余,出于对话剧的热爱而走在一起,创作演出了许多精彩的剧目。求知型群众文化群体是以学习掌握各种文化和艺术知识技能、提高自身文化修养为主要目的的,如各种读书会、戏剧学艺会等。在 2010 年岁末,杭州市委、市政府在第十二个五年规划中提出了"学习是城市发展的必由之路,建设学习型城市是时代赋予杭州的历史使命,也是杭州城市自身发展、不断创新的需要",政府和各文化事业机构为杭州的求知型文化群体提供了大力支持,使这些群体得到了迅速的发展。例如下城区,就有京桥京剧社、东园社区心语俱乐部等 280 多个学习型社团,江干区有"小白菜"文学社、景新书画院和手

---

① 郑永富主编.群众文化学.北京:中国广播出版社,1993.326.

工社等等,他们还有社团自办的期刊和作品展览会。值得注意的是,在当代社会中,学习和求知已不再是青少年的专利,在杭州的求知型群众文化社群中,中老年社群占据了相当大的比例。康乐型群众文化群体是以休息、消遣、健身为主要目的的群体。杭州将"休闲之都"定位为城市发展的目标,追求多样丰富的休闲娱乐生活。

首先,作为非正式的自愿的结合体,群众文化群体是自发自主形成的,群体成员合则聚,不合则散,完全凭自愿结合在一起,因而组织相对松散,处于经常的流动变化之中,可能因为各种偶然因素扩大或衰亡。

其次,在群体中必须有骨干人员。群众文化骨干,是指在群众文化活动中自然形成的,并在群众文化活动中起着组织辅导和管理作用的中坚分子。他们往往具有一定的文化艺术水平,同时又热心于组织和管理群体的活动,他们是群体的核心。

第三,他们是通过一定的社会关系组合而成的。无论文艺性群体、体育性群体还是娱乐性群体,他们都具有相对确定的关系,如居住在同一社区,或彼此是亲属等等。更常见的是同一学校或同一工作单位,因共同爱好而聚合在一起。

二、浙江大学黑白剧社与校园戏剧

在浙江高校的文艺爱好者之中,浙江大学黑白话剧社很有些名气。很早就听浙大的学生们说想进黑白非常难,每年只在数万浙大学生中招十几个人,比考上海戏剧学院还难。又听说黑白剧社水平之高,因为浙大有了黑白,就很难有其他剧社的发展机会了,因为它为浙大的话剧建立了一个太高的标准。

黑白剧社的前身,是浙江大学 1937 年抗战之前的学生文艺社团,当时称为黑白文艺社,是享誉全国的优秀学生自主组织。"黑白云者,意在申明收复时受日寇侵占之'黑水白山'之决心,及研判是非如黑白分明之求是精神。"(黑白文艺社纪念碑碑文)浙大艺术团话剧队重新成立于 1990 年。1997 年百年校庆后复名"黑白剧社"。作为一个校园业余文艺团体,黑白剧社的主要目的不仅在于丰富校园文化,营造戏剧氛围,而且能向戏剧爱好者提供表演天地,得到艺术的乐趣。至今为止,剧社已经创作、排练演出了大中型话剧及校园实验话剧近 30 出,话剧小品 40 余个,演出逾百场,曾登上过北京人艺、国家话剧院的小剧场舞台,被誉为浙江省高校校园戏剧的一面旗帜。

1. 校园戏剧的目的与形式

校园戏剧是大学生校内业余文化生活中最具社会性的艺术形式,就其本身的性质而言,是一种集体的创造,是参与者们共同通过参加戏剧创造和欣赏以获得直接而积极的审美愉悦。从参与学生来看,参加戏剧实践投入地进行排练和演出活动,不仅能得到艺术的历练,培养了审美想象力和创造力,同时也能体验到集体智慧和团队的凝聚力,在反复揣摩排练和重复的表演活动中感受到自我价值的实现。从观众来看,当代大学生(除少数艺术类学生)在进入大学之前,大多埋头于应试教育的书山文海之中,鲜有接触戏剧的机会。而一旦进入校园戏剧这个天地之后,常常会受到吸引,或被剧情打动,或因同窗好友的参与演出而格外关注,或对舞台表现、人物形象、艺术设计等有所心得感想,因而成为校园戏剧的忠实观众,甚至成为终身的戏剧爱好者。无论是参与者还是爱好者,校园戏剧都会打动他们的情感,启迪他们的思考,在他们的成长过程中打下深深的烙印。

校园戏剧的目的和意义,首要的不在于艺术创作与欣赏本身,而在于满足大学生的参与精神。他们在剧社的第一课,便是学习如何做好剧社的一员。每一个成员要成为角色,先要有一个学会合作的心态,因为戏剧的完美体现需要每一位参与者做好自身每一项工作。黑白剧社的创始人、总导演桂迎老师说,"校园戏剧的目的不是培养演员,而是一群人做一件快乐的事情,让同学们来享受、来体验戏剧的魅力"。戏剧艺术具有一次性完成于舞台的特征,因此默契的配合、舞台上的相互交流,既是在排练中逐渐形成的,也是演出中必须达到的。剧团社员会在其中培养团队意识,体会参与的意义和乐趣,感受到集体努力的成就感。在每一次舞台演出结束,向观众介绍演员和工作人员时,首先是介绍幕后的剧队工作者,然后才是演员,最后所有参与者在舞台上亮相谢幕,然后剧社所有成员融入观众之中,列队剧场门口手牵手一遍遍鞠躬,一次次齐声说"谢谢你们",送别参与戏剧活动的观众。对于这些浙大的优秀学子来说,懂得参与就是真正认识自我,它的意义远远大于上台演戏。剧社的氛围给了每一个参与者理解和宽容心态的同时,也给了他们应对未来的自信。

校园戏剧的目的和意义,还在于满足大学生强烈的表达和表现欲望。当代大学生多具有较强的自我意识,表达和宣泄情感、体现自我存在是青少年的共同要求。浙大学子多是高考高分生,这些高智商的学生参与戏剧的优势,在于对人生的理解和表达。黑白剧社每年从众多的报名者中招收的剧社成员是来自各个学科各个系的文艺活动积极分子。在进入大学之前,他们基本上没有接受过戏剧表演的训练,也没有参与戏剧活动的经历和体验,只不过对于演剧有着比较浓厚的兴趣。多年来报名剧社学生的目的几乎都是上台演戏。也许他们的表演专业条件不如戏剧院校的学生,但他们的优势在于更高的文化素养和更深刻的思维能力,对戏剧的真诚喜爱让他们的表演充满了鲜活的生命力。剧社成员们在了解和体验戏剧的过程中,需要真诚地打开心扉,投入到戏剧的世界之中,在对原先不曾涉及的人物的内在精神世界进行探索和分析,这使他们可以从另一个全新的角度俯视人生,在表演中体验不同的人生境况,以此关照自身,剖析自我,并在内心世界不断塑造和完善自我意识。因此,校园戏剧的表演往往更加强调表演者文化品格的含量,更强调从真实的内心出发,用质朴的表达方式达到活生生的交流目的,用真情而不是技巧去打动人心。校园戏剧拥有永远年轻的生命力,老生不断毕业离开,新生又不断补充进来,这使它永远不可能具备专业戏剧的艺术水平,但它的真正意义是一个永恒的创作过程:在参与戏剧中获得生命的体验,在体验戏剧中改变自我、创造自我。

2. 经典与原创作品

在黑白剧社 20 多年来的演出剧目之中,既有专业话剧领域的经典剧目,也有学生原创作品或专为校园戏剧演出创作的作品,内容多表现校园戏剧人群对生活、对人生、对自我的感悟和思考。

黑白剧社有一些广受校园观众喜爱的经典剧目,每次演出几乎都是座无虚席,一票难求。《棋人》——著名剧作家过士行先生创作的剧本,著名导演林兆华执导,是北京人艺的经典剧目。2002 年第二届大学生戏剧节,黑白剧社携此剧首次进京,就在北京人艺小剧场演出三场,过士行和林兆华都观看了演出。此次演出获得了一致好评,两位名家对他们大加赞赏,评价"学生们眼睛里都是文化,黑白演出了《棋人》的书卷气"①。《棋人》因此成为黑白剧社队史上具有里程碑意义的一出经典大戏。

《棋人》立意内涵深邃,立意晦涩,主题是一老一少两位以围棋为生命的棋手之间的生死博弈,剧情看似平淡却暗藏无穷棋艺玄机,展示了生命本身内在的激越成分,即人类的普遍心理中,既想高蹈于现实之上,又想沉湎于红尘之中的两难选择。该剧的剧情与人物都较为远离学生生活,但它的沉重与精彩,交织于对人生悖论境遇的无奈和对生命意义的积极反思,都极具戏剧张力。对于当时的黑白剧社,这是一个史无前例的巨大挑战。在排练的过程中,桂迎导演和演员们把握的主旨是朴素和真诚。校园戏剧与职业舞台相比,其魅力不在表演技巧,而在于以真诚打动人心并引发观众的情感共鸣,在不知不觉中,对人生的沉重、对个体存在的意义作出自己的思考和判断。

除了经典剧目,校园戏剧更注重的是原创。自 2000 年以来,黑白剧社创作了一批成功的原创作品,如《同行》、《太阳城》、《辛迪·蕾拉》、《迷城》、《赵氏孤儿》等等,都得到了广大学生群体的喜爱,也为黑白收获了许多荣誉,如《同行》荣获 2006

---

① 详见《杭州日报》,2011 年 11 月 21 日相关版面报道。

年团中央精神文明"五个一"工程作品入选奖,《辛迪·蕾拉》获 2006 年全国大学生戏剧节优秀参演剧目,2008 年浙江省大学生艺术节戏剧类一等奖,《太阳城》作为 2012 金刺猬大学生戏剧节优秀剧目进京展演,获得优秀剧目奖。这些剧目,从剧本到音乐、从舞台设计到服装灯光等等,全都由黑白剧社的社员们自己创作完成,主题内容多源自真实的校园生活,在大学校园自由而新锐的戏剧环境里,他们一直像在对待艺术品一样不断打磨、炼铸自己的原创话剧,《辛迪·蕾拉》曾三年三改,《赵氏孤儿》打磨了 8 年,《迷城》先后推出了 8 个不同版本。这样的虔诚也使黑白成为浙江大学校园戏剧的一个标杆。

2007 年 6 月,《迷城》第一版在浙江大学玉泉校区永谦小剧场首演,同年 9 月,《迷城》第二版作为第五届上海大学生话剧节祝贺演出剧目赴上海演出,获得了圆满成功并得到了高度评价。这部由黑白剧社成员自编自导自演了无数场次的实验话剧,取材于校园热点话题——网络游戏,表现痴迷于网游的大学生们在虚拟与现实两个世界中的迷茫和选择。一座充满梦幻的迷城,一座岌岌可危的旧楼,两个世界心灵的对抗。从信任到背叛,从甜蜜到破碎,从执着到逃避,从憧憬到绝望,这一系列的心灵震荡在舞台上铺散开来,带给观众无限的震撼与感悟。剧中游戏世界折射的是人物内心世界的需求和渴望,而迷恋游戏最重要的原因是逃避现实、享受虚幻。徘徊在两个世界之间的心态,是当代大学生中极为普遍的现象,这使剧作的整体表达有了可靠的现实依据,也使主题开掘出深刻的现实意义。正如该剧第二版编剧刘梦雨所说:"这个戏从游戏出发,但并不以游戏为终点。游戏所象征的是每个人内心深处埋藏的梦想。许多人可能不玩游戏,但每个人年轻的时候都有过类似的执着和眷恋,譬如友情、温暖、自我价值的实现,集体的信赖和肯定等等。"①

3. 青春与戏剧同行

追问梦想,寻找精神的桃花源,这是黑白剧社的创作法则,也是年轻的黑白社员们的共同目标。校园戏剧的特殊性使得剧社成员总是处在不停的变换之中,老社员毕业离开了,每年都有新同学加入进来,虽然这限制了社员们在艺术上的不断发展而将他们界定于"业余"的级别,但另一方面,他们的年轻稚嫩和理性追求却使校园戏剧充满了青春的魅力。社员们总是却格外珍惜这短暂的业余艺术生活。他们通过必要的素质测试走进黑白剧社的队伍,基本上每周固定训练一次,排戏活动 1—3 次,每次都是 3—4 个小时,而大多数社员在剧中担任的角色,往往是只有一

---

① 《迷城》上海大学生话剧节祝贺演出座谈记录.青春与戏剧同行.北京:中国戏剧出版社,2007.261.

两句台词的小龙套，甚至他们所倾力扮演的——只是一棵树：

> 我是一棵树/我是一棵生长中的树/我是一棵生长的、会说话的树/我是一棵生长的、会说话、却在一场暴风雨中夭折的树……

排练厅里，8个学生站在红线隔成的九宫格空间里。从第一个人开始，用身体演绎一棵树，轮到下一个，做加法，给这一棵树加戏，加到最后一个，呈现的就是一棵有表情有气质、会思考有生命的树。这是"黑白剧社"的一项基础训练，要求每个演员从最简单的事物演起，用自己的想象力，加上形体和声音，逐步提高难度。这个九宫格的训练游戏，一届届的演员们已经进行了20多年，有将近400个人在这九宫格内，学会了怎样把简单表现得丰满。

一些老队员，在面临毕业的时候选择了继续在本校读研，很大的原因是因为舍不得离开黑白。黑白剧社让人们改变了对校园戏剧的看法，也改变了很多队员的性格。"我原来偏内向，但进入剧社后，性格外向和爽朗了许多，真诚、简单地为人处世，很舒服。"曾担任过剧社队长的孙凌云说黑白让他"解放天性"。孙在1999年考入浙大竺可桢学院，2000年加入黑白剧社，参演过多台话剧。虽然剧中他大多都只是群众演员，出演过的最重要的角色是《棋人》中台词不多的燕双飞，但他仍然对黑白恋恋不舍。2008年他取得计算机专业博士学位并留校任教。2000级计算机专业的李超毕业后继续攻读硕士，现为微软中国研发集团亚洲工程院的工程师，毕业后他仍经常回到剧社看同学们排练和演出："让我心里最感充实的事情不是精彩的演出和华丽的谢幕，而是在谢幕之后，和队友们一起默默地把麦克风的信号线缠好把小道具收拾整齐；而现在工作之余回剧社，除了期待能够看到大家辛勤的排练和演出，更期待的，竟是能够参加一次普通的日常训练，和大家一起练习形体、朗诵台词和片刻的片段练习。"[1]与孙凌云和李超一样，在剧社时大多数同学来自于理工科，在剧社里他们改变了自己，也改变了大家对理工科学生机械、刻板的印象。

在2007年黑白剧社携《迷城》去上海为第五届上海市大学生话剧节进行祝贺演出之后，黑白剧社收到了组委会和上海话剧艺术中心的一封感谢信，信中说："在黑白剧社的演员身上我们看到了大部分上海高校剧社成员所不具备的素质，那是一种集体的荣誉感所衍生而来的团队凝聚力，因此构建在其上的表演风格和做戏体制才呈现出一种卓尔不群的纯粹、鲜明和活力！"[2]

---

① 青春与戏剧同行.北京：中国戏剧出版社,2007.484.
② 青春与戏剧同行.北京：中国戏剧出版社,2007.268.

20 余年来,剧社的学生换了一批又一批,如同铁打的营盘流水的兵,而那个守营的人,就是黑白剧社的总导演桂迎老师。许多学生都说黑白像一个大家庭,而桂老师像他们的妈妈。学生病了,桂老师会给他们炖骨头汤,排练时学生没喝完的矿泉水,桂老师会随手拿来喝,学生们都称她为桂妈妈。正是有了桂迎 20 年如一日的毫无保留地付出,黑白剧社才一步步踏踏实实地走过来。

上海戏剧学院博士生导师孙惠柱这样评价桂迎:"她是个异数,她是一个在全国也屈指可数的全能戏剧老师。她虽然毕业于中文系,在一个基本上没有戏剧专业的综合性大学任教,但她的特长并不仅仅是分析剧本,更重要的是她懂得表演,精通导演,还会指导舞美设计。桂迎是克服了我们的教育体制造成的重重障碍,自己在多年实践中摸索出来的全才。"①

桂迎是个深爱戏剧的人,她说自己"释戏便觉心无着",她更爱充溢着青春气息又毫无功利的校园戏剧。在浙大,她所开设的《戏剧欣赏和戏剧表演实践》课程是最受学生欢迎的选修课,几乎堂堂课爆满;为了进一步提高自己的戏剧专业水平,她奔波于沪杭两地在上海戏剧学院进修,并成为那一届最优秀的毕业生之一;她还编著了《校园戏剧》、《青春与戏剧同行》等关于校园戏剧的专著和论文;而黑白剧社,更像是她的一个孩子,由她主持创建,由她呵护成长……

三、上城区文艺团队联合会

上城区是杭州的中心城区,自古就是古都的繁华所在,南宋御街、河坊街等古老街区与湖滨路、西湖大道等现代化街区都集中于此,优越的商贸环境造就了老杭州的市井生活气氛,追求品质生活、喜好丰富多彩的休闲娱乐活动,是上城人的传统。上城总面积仅 18.17 平方千米,下辖清波、湖滨、小营、南星、紫阳、望江 6 个街道,有 51 个社区,34 万人口②,还有 20 万以上的外来人口,相对其他各区,地少人多。

从 20 世纪七八十年代起,上城区已经出现了各种形式的文艺宣传队,到了 90年代涌现出了许多以文艺骨干为核心的松散型的文艺团队,其组织规模小,人员不稳定,无固定活动场地,无经费来源,没有专业辅导,没有演出的机会。进入 2000年后,上城这样的"草根"团队愈来愈多,这些团队大多没有固定的活动场所,也很少有展示自己的机会,就像"打一枪换一个地方"的"游击队",很难得到艺术上的提

① 桂迎.校园戏剧.杭州:浙江大学出版社,2005.3.
② 根据 2005 年人口普查资料。

高。除自发形成的松散型文艺团队之外，上城区还有一些原国有企事业单位组织的业余文艺团体，这些团体原来多有相对比较高的艺术水平，历史也比较长，但由于改革开放之后一些国企自身的变迁或衰落，这些团队或解散，或减少了原来的活动时间，处于半停滞的状态。

在进行了充分的调查和分析之后，在上城区区委宣传部、区文广新局、区民政局的倡导和努力下，于2007年6月正式成立了上城区文艺团队联合会，成为全省首个在政府主导下成立的规范化民间文艺组织。成立时，联合会共有346支队伍共9800余人。这些队伍多为文艺表演和体育类队伍，也有"远风书画院"、"F1摄影沙龙"这样的文化团体；成员中以中老年人为主，仅有数支少儿团队；还有一些外来务工者为主体的俱乐部队伍。

上城区文艺团队联合会在行政上由上城区文化广电新闻出版局管理、业务上由上城区文化馆组织协助并指导，在管理机制上设计了一套行之有效的方法。首先，文化馆将文艺团队联合会管理及指导、辅导纳入自己的主要工作，专门设立文艺团队指导科，直接参与和指导各团队的活动，并将其成果纳入年度考核的内容。其次，联合会以街道为单位设立分会，按文艺团队的所在街道进行归口辅导和管理。再次，区文化馆还重点扶持了一批随时可以承担各种文化活动的核心队伍，以文化馆专业人员为骨干，定期定点活动。联合会还成立了会员代表大会，作为最高权力机构，并设立了常务理事会管理日常事务。

成立联合会的意义不仅在于管理与辅导，更在于它向广大群众文化团队提供了展示自己的大舞台。2011年11月，首届上城区文艺团队联合会艺术节在吴山广场开幕，开幕式共演出了具有上城特色的11个文艺节目。艺术节历时20天，包括舞台演出、艺术展览、精品赛事、学术交流四大板块内容，涵盖文学、戏剧、书法、美术、音乐、舞蹈、曲艺、摄影、非遗保护和诗词吟唱等10多个大项、几十个小项的展示表演活动，活动覆盖了上城各个文体活动场所和文化公园，主要内容有社区文化节、邻里音乐会、"经典上城"摄影大赛、"南星情"民乐交流演出、上城区外来务工者专场演出等。来自全区各街道、社区和区文艺团队联合会直属团体的27支代表团、3000多文艺骨干参加了艺术节开幕式，整个艺术节有10000余文艺骨干参与活动，观众达到20多万人次。在2012年和2013年，上城区文艺团队联合会又举行了第二届和第三届艺术节，在规模和内容上又有了更大的突破。

除了每年举办大型艺术节之外，上城区在吴山广场开辟了周末文化大舞台，向群众艺术团队提供更多日常的公益演出机会。2008年开始，每年举办的"百团百场"专场文艺演出，至2013年底已成功举办了500多场次。"百团百场"专场文艺演出，加强了团队之间的交流，展示了文艺团队的"土特产"，更为广大市民提供了丰富多彩的文化生活。至今,吴山广场周末活动平均观众达到3000多人次,不论是外来务工者、来杭旅游者,还是茶余饭后散步的市民,都可以在广场上欣赏到自己喜爱的文艺表演。

值得关注的是,上城区是杭州老年人比例最高的地区,老年人占到常住人口的近四分之一,他们的身心健康和娱乐生活是全社会共同关注的问题。在联合会的文艺团队中,老年人团队占了大多数,联合会不仅为他们提供了展示自我的舞台,还经常组织他们参加全国、省、市级的比赛,如常青艺术团在他们74岁的老团长何秀峰带领下,以一曲《采茶舞曲》荣获亚太地区第七届口琴节老年组特别奖;歌伴舞《欢聚一堂》在浙江省第八届老年文化艺术周上摘得双金奖等等。联合会还特别关注外来务工者群体的文化娱乐生活,为他们提供文艺舞台,相继开展了"城市一家人"外来务工者歌手大赛、外来务工者青年文艺新星擂台赛、外来务工者书画展等活动。在首届联合会艺术节开幕式的11个节目中,外来务工者俱乐部演出的节目就有3个,其中原创节目《谢谢你,民工兄弟》《城市一家亲》已经成为联合会的品牌节目。

经过7年的发展,上城区文艺团队联合会已拥有400余支队伍,12000多名会员。有意愿参与者不分年龄、不问性别、无论贵贱、不论文化层次,只要自愿、喜欢、有时间,都可以加入到自己喜爱的队伍中,成为文艺团队的一分子。例如吴山天风腰鼓队,登记的会员有2400多人;如"世界语艺术团"下设民族舞、现代舞、武术队、越剧队、时装队等10支队伍;可以说,联合会的文艺活动已经融入了上城区的百姓生活,成为广大普通市民生活中的一部分。

1. 吴山天风腰鼓队

在上城区文艺团队联合会的400多支队伍中,吴山天风腰鼓队可谓是最引人注目的一支,因为这支队伍有2400多人。每次参加大型活动,他们那浩大的声势、整齐的队伍和鼓点、多彩的服装和编排,都会给人留下深刻的印象。近年来,他们出现在杭州各种节庆活动和公益演出活动中,无论是在吴山广场、湖滨公园、太庙广场还是各大体育场馆,都常常能看到他们的身影。腰鼓队下辖爵士鼓队、功夫扇、健身舞、木兰拳等66个分队,各分队都有自己的精选节目,也能组合在一起独立完成一台综合性文艺演出[①],已成为上城区群众文艺团体中的一个品牌。

吴山天风腰鼓队以1994年由杨女士组建的杭州市第一支现代腰鼓队为雏形,接着于2000年由杨女士与徐先生共同组建上城区腰鼓队,这是腰鼓队最初的组织

---

① 在2014年上半年吴山广场的"百团百场"汇演中,有吴山天风腰鼓队的专场综合文艺演出。

形式。2001年,腰鼓队加入上城区吴山艺术团,遂改名为吴山天风腰鼓队。随后几年,腰鼓队不断发展壮大,遍布杭州市各城区,队员数目达千人以上,遂有"千人腰鼓队"之称。随着规模的壮大与社会影响的扩大,腰鼓队开始面临体制上更高的要求,并于2009年12月16日获批成立"杭州市健身腰鼓协会",协会现有会员2413名,分布在杭州市6个城区①。吴山天风腰鼓队不仅在市民健身群体中拥有较高的知名度,还得到了杭州著名企业青春宝集团的扶持。

吴山天风腰鼓队在杭州健身娱乐为主的群众文艺团队中具有典型性,不仅是因为它成员众多、活动较频繁、有较高知名度,更是因为,队中绝大多数成员年龄都在60岁以上,又以退休或长期无业的女性为主,文化程度大多不高。它代表着杭州众多的老年性、草根性社区群众文艺团队。

杭州是个老龄化问题较严重的地区,比全国提前11年进入老龄化,截至2011年底,全市老年人口达到122.19万,老年占总人口数达到17.53%,而上城区的占比达到24.46%。老龄化问题已成为当代一个备受关注的社会问题。一方面,老年人特别是老年女性,渴望融入团体之中,得到集体的温暖和关爱,摆脱孤独感;另一方面,老年人也有实现自我价值的需求,希望能有展示自己才能的舞台。加入腰鼓队能同时满足这两方面的需求,腰鼓队声势浩大,既有千人齐鼓的大集体,又有各个小分队构成的小集体,老人们可充分选择自己的伙伴和群体;同时,在演出活动中,老人们也能感受到自己被社会所需要和认可,并在非公益性演出中得到相应的报酬。

近年来,广场舞风行一时,每天清晨和傍晚在各个小区都能看到许多大妈们在跳广场舞,大多数草根广场舞都简单易学,对参与者的要求不高,却能达到锻炼身体的目的。吴山天风腰鼓队的队员大多是退休的普通市民,文化创造性不强,但健身、娱乐方面的要求却很突出。作为草根广场舞的一种,腰鼓活动节奏感强烈,有一定的运动量,必须在露天较大的空间中活动,能起到较好的锻炼效果;同时舞姿和步法、手法都相对简单,上手容易,当数百甚至上千人排列整齐、服装统一、鼓点一致时亦能有震撼效果,可谓"十分草根"。上城区文化馆在创立和建设文艺团队联合会过程中,强调"以馆领团、十分'草根'、百团联谊、千人竞艺、万众展示"的组织模式,腰鼓队正是这一模式的代表。

老年草根文艺团队的生存和发展,一直是一个深受关注的话题,虽然时有低俗、扰民等负面声音,但广大市民百姓生活品质的需求,却仍使这些自发性的团队

---

① 徐旭初,王灵恒.老年社团合法性的案例研究——基于杭州吴山天风腰鼓队的调研.杭州电子科技大学学报(社会科学版),2010(12).

飞速成长。上城区文化馆曾对参加文艺团队的成员作过一次问卷调查,对参加团队后的感受,有 67% 的人认为很开心,30% 的人认为比较开心;对参加团队后对身体的影响,有 57% 的人认为对身体明显有益。腰鼓队队长,70 岁的周炎珍说,她曾得过癌症,后来为了健康参加了腰鼓队,现在身体好,心情也好。①

如今,吴山天风腰鼓队不仅得到了政府和民间企业的扶持,还在法律上获得了其合法性,使这支老年草根文艺团队得到更多的发展机会,也面临着新的挑战。他们不满足于康乐健身的目的,正试图融入更多的原创元素。为了提高团队的表演水平,他们经常请有关专家来对骨干队员进行培训,创新演出内容,提高演出质量。2011 年,吴山天风腰鼓队入选中华全国妇女联合会全国妇女健身示范点,并多次被评为区优秀文艺团队,受到奖励和表彰。

2. 杭州邮政管乐交响乐队

与上城区文艺团队联合会中大多数草根团队不同,杭州邮政管乐交响乐队是一支有着长远的历史、较高专业水平的队伍。乐团前身为杭州市邮政局管乐队,成立于 1956 年,是一支由邮政干部职工组成的业余文艺团体。乐队从初建时的 6 名队员逐渐发展壮大,目前乐团有队员 60 余人。他们不仅承担省、市邮政大型会议和活动的仪仗及演出任务,也曾多次参加省、市党政工重大会议、庆典活动和迎送国宾的仪仗演奏任务。

在这支队伍当中,大部分成员都没有受过专业的训练,他们来自邮政系统的各行各业,有运钞车司机、信件分拣员、信报箱管理者,有已经退休的邮政老职工,也有送信送报的投递员,其中一些来自河南、贵州等农村地区……艺术让原本没有交集,却怀揣着音乐梦想的他们走到了一起。

乐队中音声部部长罗晓庄是 1984 年加入乐队的,他是杭州局后勤服务中心采购供应部的一名员工,主要负责管理信报箱安装。回忆起当年考入乐队的情形,他还记得每个细节:"笔试考乐理知识,面试可以演奏,可以唱歌,看音准水平如何。我不会演奏,唱了一首《梁山伯与祝英台》,面试就通过了。"不少队员在进入乐队之前,从未碰过乐器,乐理知识几乎空白,纯粹是对音乐的向往和梦想促使他们来到乐团。在这个团队里,他们通过如饥似渴地学习和刻苦努力地训练不断地提高自己。在训练中最早来、最后走的,常常是这些原来没有学过音乐的队员。乐队请过专业老师,教了半年,后来便全靠自学,老队员们也都热心地指导和帮助新队员。罗晓庄说,他的工作经常要外出,很忙,然而在工作之余,一到乐团的"御用排练时

① "草根"抱团献艺,群众文艺红火.浙江老年报,2010 - 05 - 21.

间"——每周二、周四晚,他一定不会缺席。①

改革开放之后,因各种原因,乐团走向低谷,很长时间内暂停了活动。乐队指挥李定凯也于1994年挂职下海经商。近年来,随着企业对内部文化环境和提升企业职工素质的重视,杭州邮政管乐队得以重新组建,离开多年的李定凯也重新拿起了指挥棒。李定凯在乐团中,底子比较好,乐手们称赞他"几乎什么乐器都会,还会作曲",所以很快就能胜任指挥之职。在成为上城区文艺团队联合会的一员后,乐队有了更多交流和展示的机会,2010年11月,在省直机关党工委举办的"争先创优"文艺调演比赛中获得一等奖,得到了省市相关部门的好评。从2010年起,这支完全业余的团队开始注入一些新鲜血液,特别引进一些专业音乐学院的人,有中央音乐学院、上海音乐学院、沈阳音乐学院的毕业生,不过,这部分人的比例还比较小,协调乐团成员的水平仍是一个很大难题。

2011年6月,杭邮管乐队改组,更名为杭州邮政交响管乐团。企业组建交响管乐团在浙江省内尚属首家,在全国邮政系统中也是首例。6月11日,乐团圆满完成了省公司在杭州大剧院举办的"灿烂阳光,绿色家园"庆祝建党90周年音乐会。演出由《红旗颂》、《歌唱祖国》等12个曲目组成,历时一个半小时,是杭州邮政交响管乐团的首次专场大型演出。2012年5月,乐团成为杭州市音乐家协会唯一指定的"文化惠民服务点"。

在上城区文艺团队联合会中,像这样的企业业余文艺队伍还有一些,如以退休职工为主的杭州联合银行合唱团,在各次演出和比赛中也屡次获得好评。企业群众文化与校园群众文化、社区群众文化、军营群众文化一样,正受到越来越多的重视,处在蓬勃发展之中。

---

① 吴霞蓉.绿衣人奉献交响乐盛宴——杭州邮政交响管乐团的探索之路.中国邮政报,2011-06-21.

第五章　杭州的非物质文化遗产保护及开发

　　非物质文化遗产是各民族人民世代相承的、与群众生活密切相关的各种传统文化表现形式(如民俗活动、表演艺术、传统知识和技能,以及与之相关的器具、实物、手工制品等)和文化空间。随着全球化趋势的加强和现代化进程的加快,依靠口授和行为传承的文化遗产正在不断消失,许多传统技艺濒临消亡。因此,保护各国各民族优秀非物质文化遗产,维护世界文化多样性,成为国际社会的共识和自觉行动。杭州历史悠久,非物质文化遗产资源十分丰富。保护传承和开发利用非物质文化遗产,既是杭州市政府的职责,也是提升杭州的文化品质,打造休闲宜居城市的一种手段。

第一节　杭州市非物质文化遗产概述

　　非物质文化遗产记录着人类社会生产生活方式、风俗人情、文化理念等重要特性,它蕴藏着世界各民族的文化基因、精神特质、价值观念、心理结构、气质情感等核心因素,是全人类共同的宝贵财富。

一、关于非物质文化遗产

　　根据联合国教科文组织 2003 年 10 月 17 日在法国巴黎通过的《保护非物质文化遗产公约·总则》第 2 条:"'非物质文化遗产'指被各群体、团体、有时为个人视为其文化遗产的各种实践、表演、表现形式、知识和技能及其有关的工具、实物、工艺品和文化场所。各个群体和团体随着其所处环境、与自然界的相互关系和历史条件的变化使这种代代相传的非物质遗产得到创新,同时使他们自己具有一种认同感和历史感,从而促进了文化多样性和人类的创造力。"①

---

　　① 向云驹.人类口头和非物质遗产.银川:宁夏人民教育出版社,2004.315.

非物质文化遗产是指各种以非物质形态存在的与群众生活密切相关、世代相承的传统文化表现形式，是以人为本的活态文化遗产，它强调的是以人为核心的技艺、经验、精神，其特点是活态流变。在非物质文化遗产的实际工作中，认定的非遗的标准是由父子(家庭)或师徒或学堂等形式传承三代以上，传承时间超过100年，且要求谱系清楚、明确。

非物质文化遗产的最大特点是不脱离民族特殊的生活生产方式，是民族个性、民族审美习惯的"活"的显现。它依托于人本身而存在，以声音、形象和技艺为表现手段，并以身口相传作为文化链而得以延续，是"活"的文化及其传统中最脆弱的部分。因此对于非物质文化遗产传承的过程来说，人的传承就显得尤为重要。对于整个人类而言，非物质文化遗产具有非常特殊而重要的意义和价值。非物质文化遗产既是历史发展的见证，又是珍贵的、具有重要价值的文化资源。

我国是一个历史悠久的文明古国，不仅有着大量的物质文化遗产，而且还有着非常丰富的非物质文化遗产。我国各族人民在长期生产生活实践中创造的丰富多彩的非物质文化遗产，是中华民族智慧与文明的结晶，是联结民族情感的纽带和维系国家统一的基础。保护和利用好我国非物质文化遗产，对落实科学发展观，实现经济社会的全面、协调、可持续发展具有重要意义。从2001年起，联合国教科文组织先后命名了七批世界级非物质文化遗产。我国的昆曲、古琴艺术、新疆维吾尔木卡姆艺术、雕版印刷、中国珠算等38个项目入选世界级非遗名录。在积极申报世界级非遗的工作以外，我国政府正努力加强国内的非遗保护工作。国务院办公厅《关于加强我国非物质文化遗产保护工作的意见》指出："加强非物质文化遗产保护，不仅是国家和民族发展的需要，也是国际社会文明对话和人类社会可持续发展的必然要求。"[①]目前，国务院已先后公布三批国家级非遗名录。

二、杭州市非遗保护的基本情况

浙江作为一个文化大省，非物质文化遗产异彩夺目。在国务院公布的《第一批国家级非物质文化遗产名录》(2006年5月20日公布)和《第一批国家级非物质文化遗产扩展项目名录》(2008年6月7日公布)中，浙江上榜非遗数达到58项，总数位居全国首位。在国务院《第二批国家级非物质文化遗产名录》(2008年6月7日公布)中，浙江上榜数为68项，再列全国第一。在国务院《第三批国家级非物质文

---

① 参见国务院办公厅《关于加强我国非物质文化遗产保护工作的意见》(国办发[2005]18号文件)。

化遗产名录》(2011 年 5 月 23 日公布)和《国家级非物质文化遗产扩展项目名录》(2011 年 6 月 21 日公布)中,浙江上榜数再次达到 60 项之多。目前,已公布的国家级非遗项目总数中,浙江几乎占到全国的 1/10,其中,杭州市的非遗项目又占了浙江的 1/5 强。

杭州市政府历年来对非物质文化遗产的传承和保护非常重视,做了大量相关工作,并取得了明显的成效。

（一）健全的措施为非遗保护奠定坚固基石

1. 健全机构设置,落实专兼职人员的编制

非遗保护与传承必须建立健全必要的机构,统筹整体工作,做到落实分级保护,形成工作机制。

2004 年,杭州市成立了民间文化艺术保护工作领导小组及其办公室,召开了全市民族民间艺术保护工作会议,开始了一系列保护非遗项目的筹建工作。此后,在各方努力下,非遗保护的工作不断深入,逐步形成了具有一定影响力的规模。2008 年,基于非遗保护工作的需要,杭州市编委批准设立了"杭州市非物质文化遗产保护中心"。该中心为正处级财政补助的公益性文化事业单位,隶属于杭州市文化广电新闻出版局,设定编制 6 人。因非遗保护工作的拓展延伸,2013 年该中心增编至 14 人。其主要工作职责为:负责拟制非物质文化遗产保护计划和相关专业标准,经批准后组织实施;承担非物质文化遗产普查和资料库、数据库建设工作;负责开展相关保护研究和宣传工作等。中心设有行政办公、项目保护、数据库管理、科研编纂、宣传推广等业务职能。自成立以来,中心认真贯彻杭州市委市政府有关精神,组织开展好非遗普查、成果编纂、名录申报、传承人保护及各类传承基地建设,成果斐然,各项工作走在全省乃至全国前列。

各区县也设置了相应的机构。2006 年,杭州市建立了以分管副市长为主任的杭州市非物质文化遗产保护工作委员会。近年来,经编委批准,杭州市及余杭、临安、萧山、桐庐、富阳、淳安、建德、滨江等 8 个区、县(市)建立了非物质文化遗产保护中心。目前,杭州市以文广新局为中心,相关部门和单位各负其责,协调配合,区、县(市)积极组织,认真实施,初步形成了上下联动、层层相连、责任落实的保护组织网络体系。专门的管理机构,专职的工作人员,专业化的工作机制,将全市的非遗保护工作纳入科学规范的轨道。

2. 深化非遗保护工作,健全完善政策法规

为进一步科学推进非物质文化遗产保护工作,在浙江省制定相关法律法规(如,《浙江省非物质文化遗产名录评审工作规则(试行)》,2007 年 3 月 15 日;《浙江省非物质文化遗产代表作申报与评定暂行办法》,2007 年 5 月 23 日;等等)的基础

上,杭州市遵照"保护为主,抢救第一,合理利用,继承发展"的方针,结合实际,在充分论证的基础上,认真制定了《杭州市非物质文化遗产保护规划(2005 年—2010年)》。2006 年以来,市政府及其办公厅下发了《关于加强我市历史文化遗产保护的实施意见》《关于加强我市非物质文化遗产保护的工作意见》等文件。此后又陆续出台了一系列规章制度,包括与非遗名录相关的、与非遗传承人相关以及其他各方面的,诸如《杭州市民族民间艺术家评选命名办法》《杭州市民族民间艺术之乡评选命名办法》《杭州市非物质文化遗产专项资金管理办法》《杭州市非物质文化遗产项目扶持办法》《杭州市非物质文化遗产代表性传承人(民间老艺人)补贴实施暂行办法》《杭州市非物质文化遗产代表性传承人申报与认定办法》《杭州市非物质文化遗产实物征集管理办法》等,并努力推动付诸实施。目前,科学合理的政策支撑体系已经基本形成。这些法律法规为杭州市非遗保护工作起到了真正的保驾护航作用。

同时,根据国家文化部和省文化厅有关试点工作精神,认真开展了非物质文化遗产(民间艺术)保护试点申报工作。余杭区和临安市已被列为浙江省的综合试点。余杭区创造性推进试点工作的经验产生了极大的社会影响,不仅在全省范围内进行推广,还传播到其他省份。

3. 设置专项工作经费,提供雄厚资金保障。

根据非遗保护工作的具体情况,杭州市逐步设立专项资金,建立健全经费保障制度。在提高公共财政用于发展文化事业额度的同时,不断提高用于非物质文化遗产保护经费的比例,确保对非物质文化遗产保护投入的增长高于同级财政收入和支出的增长幅度。自 2007 年非遗普查工作启动始,逐年递增非物质文化遗产保护专项经费,用于普查抢救、项目扶持和日常工作。尚未建立非物质文化遗产保护专项资金的区、县(市)也在抓紧落实,确保非物质文化遗产保护工作的资金需求。各区、县(市)和乡镇(街道)责任明确,合理分担非物质文化遗产保护资金。同时,整合市级有关文化建设资金,支持欠发达地区非物质文化遗产保护工作。

2004 年,民间文化艺术保护工作领导小组及其办公室召开全市民族民间艺术保护工作会议,下发了《杭州市民间文化艺术资源保护(普查)工作方案》。市财政从 2004 年起每年安排 80 万元用于优秀民族民间艺术资源的发掘、保护和民间艺术人才的培养(自 2007 年起已提高至 100 万元)。13 个区、县(市)也相应建立了民族民间艺术保护工程领导小组,并分别列出民族民间艺术普查专项资金。余杭区财政安排 70 万元资金,用于全区民间艺术普查和保护工作,并从 2005 年起每年安排专项资金 50 万元用于非物质文化遗产保护。临安市两级财政共投入资金累计达 80 万元,用于民族民间艺术资源普查。桐庐县除了筹措资金开展普查外,还在全县学校建立 60 余个剪纸艺术培训基地。"分级负责,以县为主"的非物质文化遗产保护投入机制初步形成。

在非物质文化遗产保护工作的不断推进中,市财政确保用于非遗保护的经费额度。目前,杭州市的非物质文化遗产保护专项资金达到了每年 500 万。按照分级负责、以县为主的原则,各区、县(市)也都加大了投入力度。余杭区每年安排500 万元用于非物质文化遗产保护,桐庐县每年 150 万元,临安市每年 120 万元,富阳每年 50 万元用于非物质文化遗产保护工作。其他区、县(市)也相应安排了专项保护经费。市级与区级的专项资金落实到位,为开展非遗保护工作提供了必要的经济保障。

4. 全面摸清资源家底,提升非遗保护品质

20 世纪 70 年代末至 80 年代初,杭州市启动了规模空前的"十部文艺集成志书"编撰工程。对全市各地民族民间舞蹈、民歌、器乐、戏曲、曲艺等方面进行了全面的普查,收集了大量的文艺基础资料,并编撰了《杭州市民族民间文艺集成志书》,大大推动了民族民间文化保护工作。

2003 年,杭州市再次启动了民族民间艺术普查,举办多期培训班,对文化干部进行专业培训指导。建立了普查工作的责任制,对普查工作质量和验收标准作了规范要求。在普查的过程中,全面按照"三不漏"(不漏线索、不漏村镇、不漏门类)的要求,开展了地毯式、拉网式的普查。在将近三年时间里,共动员了 2241 名文化干部和业余普查员,深入到 197 个乡镇(街道),4253 个村和社区,走访村民、居民、传人及艺人 13993 人次,开展了 1508 次座谈和采访活动。共查明民族民间艺术项目 2169 项,新发现项目 468 项,濒危项目 231 项。查明各门类艺人(传承人)3547人。建立普查资料文字档案 200 卷,音像档案 139 盒。各区(县、市)分别将普查资料分类整理,在此基础上,杭州市编辑成《杭州市民族民间艺术资源普查资料汇集本(简本)》。余杭、临安、淳安等已将普查成果分类整理,规划以《民间艺术大观》或乡土文化系列丛书等形式编纂出版。

2007 年 11 月,杭州市首次实施非物质文化遗产普查,全市 13 个区县市近16000 名普查员,按照"四不漏"(不漏线索、不漏种类、不漏村镇、不漏艺人)的要求,依靠"五老"(老干部、老教师、老工匠、老艺人、老土地),经过半年多时间的努力,共查获线索 42 万余条,调查 18 门类项目 30168 项。这次调查,最大收获是通过对具有代表性的项目进行调查整理,新发现了大量有重要价值的项目,填补了前期民族民间艺术资源普查时未发现的许多种类门类的空白。如余杭区良渚镇发现了雕版印刷术和传统中药秘方;建德市发现新叶昆曲,还被列入"浙江省非遗普查

十大新发现"之一等。

5. 形成特色保护格局,充分展示非遗项目

在建立健全组织网络体系和政策支撑体系的同时,杭州市还注重锻造非遗保护项目的特色品质,形成了具有一流水平和特色鲜明的非遗保护格局。大手笔促成宣传展示体系的构建:一方面在滨江奥体中心拟建设3万多平方米的杭州市非物质文化遗产展示中心,该中心投资4个亿,将建设成为世界领先全国一流的非遗文化体验、展示和传承基地;另一方面,通过"文化遗产日"系列活动、"风雅颂"等平台展示活态的非物质文化遗产。此外,还通过中国刀剪剑伞扇博物馆、杭州工艺美术博物馆、中国江南水乡博物馆、南宋官窑博物馆、都锦生博物馆、朱炳仁铜雕馆等展示杭州非物质文化遗产。目前,杭州市非物质文化遗产宣传展示体系已初具规模。根据相关方案,还建立了非遗保护项目的产业体系,逐步形成以传承为核心,以产业为纽带,合理开发利用非物质文化遗产的格局;打造出了胡庆余堂中药文化、杭州铜雕艺术、富阳仿古造纸、王星记扇业、张小泉剪刀、都锦生丝织、西湖绸伞、宋城等一批产业化基地,形成了特色型系列化的产业体系。这些精心构建的保护体系,构成了杭州市非物质文化遗产保护的基本格局。

(二) 取得突出工作成效

1. 建立了完整的非遗保护档案

非遗保护的档案建立具有非常的价值。杭州市在详细普查的基础上,对所有非遗保护项目进行了科学整理,建立了完备翔实的保护档案。

截至2012年年底,杭州市有世界级非遗名录3项,国家级非遗名录38项,省级非遗名录167项,市级非遗名录289项;国家级非遗代表性传承人22人,省级非遗代表性传承人132人,市级非遗代表性传承人260人;国家级非遗延伸载体6个,省级非遗延伸载体58个,市级非遗延伸载体82个。

其中的一些名录,无论在中国还是世界都有着广泛的影响,如中国蚕桑丝织技艺(余杭清水丝绵制作技艺,世界级)、胡庆余堂中药文化(国家级)、西湖龙井茶采摘制作技艺(国家级)、越窑青瓷烧制技艺(国家级)、端午节(国家级)、张小泉剪刀锻制技艺(国家级)、中医传统制剂方法(朱养心传统膏药制作技艺,国家级)等。

2. 活态保护推进有效传承

以一年一度的"西湖狂欢节"、"元宵灯会",以及两年一届的"风雅颂"杭州民间艺术展示活动为主载体,挖掘、整理、保护和展示活态民间艺术。临安的"吴越风"元宵灯会、"吴越风情"广场文化艺术节,余杭区两年一届的全区滚灯大赛和民间表演艺术展演,淳安的"千岛湖秀水节",桐庐举办的"神州风韵"中国民间艺术之乡剪

纸邀请赛等活动,都使民族民间艺术得到了有效传承和发展,并产生了广泛的影响。2005 年组织开展的"拯救江南丝竹"杭州高校行系列活动,进一步将非物质文化遗产保护的触角延伸到了高校。2006 年 6 月,杭剧《苏小小》和睦剧《雪兰花》的演出,在广大市民中激起强烈的反响。在充分展示非遗成果的同时,还落实人员、资金和设备,对"杭州评词"这一濒临消失的民间艺术进行了抢救性保护工作;在征求专家学者意见的基础上,积极参与吴山景区历史文化内涵的挖掘利用工作,形成了《吴山景区历史文化内涵挖掘利用意见》,对保护利用吴山景区历史文化遗存和恢复已湮没的历史景观做了前期准备工作。

2011 年,杭州市还实行了"专家领衔非物质文化遗产项目保护工程"和"杭州市首批非遗师徒结对工程",在传统的师徒传承的基础上,通过专家与项目、传承人结对的方式开展保护工作,对非遗的传承起到有效地助力作用。通过这些措施,保护了一批有价值的项目传承人,使非遗活态传承的命脉得到了复苏和延续。

3. 拓展领域扩大对外影响

从人类的文明进程来看,文化的共享对于促进人类文明的发展具有特殊的意义。"非物质文化遗产保护的相互尊重、相互承认原则造就了文化共享的机制,造就了新型的共同体关系,一改以文化差异制造社群区隔、排斥、冲突的机制。代表作名录的多层次体系在基层把地方的、民族的乃至个人专有的文化项目命名为县(市)级、省(直辖市、自治区)级、国家级的遗产,用正式的方法承认文化的共享,保证文化的专有与共享不是矛盾的,而是互相转化的。这样一来,名录就成为社会的认同文化,成为共同体凝聚力的文化保障。在国际社会,各国的代表性文化项目都被命名为'人类非物质文化遗产代表作',中国申报这类名录的机会是向全国各地各民族开放的,实际上已经成功进入人类遗产名录的文化项目来自十多个民族。文化共享的理念对于中国的国家认同是建设性的,对于中国在文化观念、文化项目上与世界衔接也是成效卓著的。"①

作为动态保护的非遗项目,交流尤其是国际的广泛交流,是人类文明成果共享的一个重要措施。近年来,杭州市先后成功举办全国群星奖舞蹈决赛、群星奖戏剧小品决赛、第五届中国国际民间艺术节邀请赛等国内、国际重大社会文化活动,进一步提升了杭州市非物质文化遗产保护工作的影响。两年一届的"风雅颂"民间艺术展示活动已成为杭州市整理、挖掘和展示优秀传统民族民间艺术的重要平台,"西湖狂欢节"融入民族民间艺术内容,在全国产生了知名度、美誉度。几年来,杭

---

① 高丙中.中国的非物质文化遗产保护与文化革命的终结.开放时代,2013(5).

州临安水龙、猪八戒背媳妇、余杭滚灯、富阳东吴传龙等民族民间表演艺术节目先后成功出访演出,获得了极大的反响。

在2006年6月10日中国首个文化遗产日期间,杭州市举办了一系列活动:成功承办了以"国家文化安全"为主题的"中国非物质文化遗产保护·余杭论坛",并发布了《余杭宣言》;举办了2006杭州首届海内外"江南丝竹"邀请赛;邀请了国家民族民间文化保护工程专家委员会副主任、中国民俗学会会长刘魁立教授举办专题讲座;推出了一个图文并茂的杭州市非物质文化遗产精品图片展。2007年第二个中国文化遗产日,举办了首届杭州市非物质文化遗产保护成果展。展览充分展示了杭州市近年来非物质文化遗产保护工作成果,引来上万市民参观。与此同时,各区、县(市)分别组织开展了形式多样的非物质文化遗产保护活动,把文化遗产日活动推向了高潮。

杭州市以品牌化的文化遗产日系列活动、"风雅颂"民间艺术展示,以及区、县(市)举办的大型民间艺术展示展演活动为重要平台,大力宣传展示优秀非物质文化遗产。2006年起每年一次的"文化遗产日"系列活动,成为集中展示杭州非物质文化遗产资源及保护成果的载体。"文化遗产日"期间,杭州市组织了"首届杭州市海内外江南丝竹邀请赛"、"杭州市非物质文化遗产图片展"、"杭州市非遗类曲艺项目巡演"、"杭州市非物质文化遗产大观系列丛书首发式"受到领导和广大群众的一致欢迎和好评。先后承办了2008、2010、2011浙江省暨杭州市文化遗产日系列活动。2009年承办了浙江·中国非物质文化遗产节。各区、县(市)积极配合,纷纷设立非物质文化遗产保护月、非物质文化遗产保护周等载体开展系列宣传活动,形成了上下联动,城乡呼应的宣传热潮。

通过这些载体和平台,杭州市重点培育、打造了一批富有浓郁地域特色的民族民间艺术品牌项目。余杭滚灯、桐庐剪纸、东吴水狮、萧山灯鼓、临安水龙等精品走出国门,走向世界,扩大了杭州非物质文化遗产的影响力。余杭滚灯从全国130个竞选节目中脱颖而出,参加了2008北京奥运会开幕式的前奏演出。王星记扇、杭州刺绣、鸡血石雕等五个项目参加了2010年上海世博会的展示。

4. 优化传承艺人存在与发展生态

非遗保护有个如何保护好载体的问题。这个载体具有双重含义,它既是指传承人等,也指官方在民间举办的各种相关的活动,如文化遗产日系列活动、各种比赛、巡演、展览,以及打造出来的一些民间艺术品牌项目等等。其中对传承人的保护直接决定非遗的现实生态和未来存在的状态。保护好非遗的传承艺人,是保护工作的重中之重。

联合国教科文组织的《公约》在关于非物质文化遗产的定义之后紧接着有这样

一段话：各个群体和团体随着其所处环境、与自然界的相互关系和历史条件的变化不断使这种代代相传的非物质文化遗产得到创新，同时使他们自己具有一种认同感和历史感，从而促进了文化多样性和人类的创造力。在这段话中我们可以得出的认识是：非物质文化遗产不仅是"虚"的，而且它还应该是代代相传又不断创新的"活的"文化。[①] 所谓代代相传即意味着民间艺人的前承后继，使之流而不息，传而不断。

非物质文化遗产传承的关键在于有人传承、有场地传授。为此，杭州市积极推进非物质文化遗产传承人保护和传承基地建设。一是积极开展申报工作，并取得了较好的成绩。目前全市拥有国家级代表性传承人 15 人，省级代表性传承人 131 人，全国民间艺术之乡 6 个，省级民间艺术之乡 6 个，省级传承基地 4 个、传统节日保护地 3 个、生态保护区 1 个、教学传承基地 9 个、经典非遗旅游景区景点 4 个。二是开展杭州市民族民间艺术之乡和民族民间艺术家评选命名，首批命名杭州市民族民间艺术家 11 人，民族民间艺术之乡 6 个，并对命名对象进行授牌和扶持。三是创造性地开展杭州市民间艺人职称评审工作，首批共评出群众文化系列和艺术系列初、中级职称 38 人。四是开展杭州市非物质文化遗产代表性传承人的申报和认定工作，分三批认定公布了 260 名代表性传承人。五是开展传承基地、传统节日保护地、生态保护区和产业基地的申报工作，公布了传承基地 6 个、传统节日保护地 16 个、生态保护区 9 个和产业基地 3 个。

如前所述，杭州市 2011 年实行的"专家领衔非物质文化遗产项目保护工程"和"杭州市首批非遗师徒结对工程"，不仅仅保护了一批具有极其珍贵价值的非遗项目传承人，使他们能够毫无后顾之忧地全身心投入保护与传承工作，还通过这种独具特色的形式，培养了一批致力于保护传承非物质文化遗产的后进，这对于非遗活态传承命脉的复苏和延续，具有难以估量的价值。

第二节　历史文化街区与非遗保护——以小河直街为例

小河直街在杭州的北面，地处京杭大运河、小河、余杭塘河三条河流交汇处。沿湖墅北路往北走，过了大关桥，看到运河边上白墙黑瓦、木门木窗的一带两层小楼，小河直街就到了。小河直街有着悠久的历史，早在南宋时期，小河地区就是物资集散地，河、路转运地和物资储备地。明末清初，河埠码头出现了勃勃生机。到

[①]　高小康.非物质文化遗产保护是否只能临终关怀.文化视野,2007(7).

了清代的中晚期，这里开始重新发展，餐饮业、茶点业、百货业等渐渐兴起。酒作坊、打铁店、盐铺、碾米店、蜡烛店等各行各业都在小河地区扎下了根。这一阶段的小河直街所留存下来的传统江南水乡式民居建筑和商铺建筑，作为一种商埠水街式的文化元素，是代表杭州城因河而兴的一个硕果仅存的样本。如今我们看到的小河直街，仍保持清末民国初的风貌，一河两街、上宅下店的木结构小楼，雕花木柱、花格窗、木楼梯，面街一楼为商铺、二楼为居所，狭窄的石板巷连通在家家户户之间，可以想见当年人来人往的繁华。

一、历史街区与非物质文化遗产的保护开发

非物质文化遗产的保护，往往是跟其开发利用联系在一起的。在现代化的城市建设中，保持本土的个性，彰显传统的人居文化特色，是当代可持续发展理论的外在表现。利用历史文化保护街区开展非物质文化遗产的贸易与展示，是城市良性发展的选择。近年来，杭州市在这方面做出了许多有益的尝试，获得了不少经验。如河坊街就汇集了胡庆余堂中药博物馆、朱炳仁铜雕艺术博物馆，龙井炒茶工艺现场展示、捏泥人工艺等多项非物质文化遗产的展示和文化贸易活动；拱宸桥桥西历史街区则进驻了三个国家级工艺美术博物馆：伞、扇、刀剪剑博物馆，在手工艺活态馆中常年进行西湖绸伞、王星记扇子、张小泉剪刀等制作工艺的展示和贸易，并有非遗传承人定时亲自指导；南宋御街中山路街区不仅有方回春堂中药馆、张同泰药店、浙江兴业银行旧址等老字号商铺银楼，更有功德林、皇饭儿、西乐园等老字号饭店酒楼，这些街区的保护性开发，都形成了非物质文化与历史街区共荣的局面，使历史街区不仅在建筑和环境上再现了原有的历史风貌，也使各项非物质文化遗产得到了合适的展示和发展的场所。

在杭州，对历史街区的保护与开发的认识经历了较曲折的过程。在1996年的《杭州历史文化名城保护规划》中，首次确定中山路、小营巷、河坊街、湖边邨四个历史文化保护区，2005年又扩大了历史文化街区项目的保护范围和数量，至今为止，杭州市政府共确定26处历史文化街区，总占地达416万平方米。这些街区在历史文化风貌上各有特色，如中山路、河坊街主要是清至民国的传统商业街区；小营巷、五柳巷、十五奎巷是清末民国初传统民居街区；湖边邨、思鑫坊是近代中高级住宅风貌街区；西兴老街、长河老街、留下老街是传统城郊集镇风貌的历史街区；小河直街、拱宸桥西街区则是运河文化风貌街区。在小河直街与桥西街区两者之间亦有明显不同，桥西街区在近代成为杭州主要工业区，现有遗存建筑多为厂房、仓库等，因为在街区保护性开发时将这一带规划成以工艺美术类博物馆为主，临河商业街

为辅的街区;而小河直街则依原来仍保存的建筑样貌,以修缮为主,还原为运河沿岸市井风格的上宅下店格式,有效地保持了原来的建筑风貌。

　　与河坊街、南宋御街等皇城文化不同,小河直街一带历来是杭州市井文化的集中地区,自明清至民国,这里都是杭州中下层平民的聚居地,曾经相当繁荣。当地居民祖辈大都从事与运河航运相关的搬运、造船等行业。沿街房屋、店面,也多是服务于当时航运业工人生活需求,如酱菜坊、理发店、杂货铺等。街道狭窄,仅4—5米宽,长约数百米。在小河直街最为兴盛的时期,这里店铺林立,有当时全市最大、最集中的四个孵坊,著名老店号有得日堂、方振昌、益乐园、陈尔康中医店、恒泰米店等。抗日战争之后,此地逐渐衰落,新中国成立初建立航运公司,公私合营,产权变更,遗留建筑改成住宅或厂房,此后更乏修缮,逐渐破败。[1] 到20世纪晚期,很多建筑已成为危房,阴暗潮湿,卫生和消防设施不全,已不合适居住,急需改造。

　　2007年1月小河直街开始了整治工程,整治依据"修旧如旧"、"维持原有民居风貌肌理"的原则,将规划内建筑按保护、改善、整饬、拆除和新建分成五个等级,完全保留了原来12组历史建筑中的15间的结构[2],对结构不再完好、存在严重排涝问题的危房在提高原房屋地坪后,利用尚能利用的原构件,在原址上复原重建,拆除了新中国成立以后建造的砖混结构的建筑,将其恢复到清末民国初的风格。外立面在旧房的基础上原样修复和加固,在外观不变的条件下将内部进行彻底的改造,新埋了排污管道,改造老宅的卫生间和厨房,并设置防火、防进水、防潮设施。目的是努力保持原貌,减少大面积翻新,让展现在人们面前的景观更加真实,更能感到历史再现的效果。

　　建筑只是历史文化中的空间部分,然而它只是展示历史的一个物质框架,而非物质文化遗产更关注的是这个框架中的流变的精神因素。小河直街上的那些米铺、孵坊、中药店,那三河交汇处的河埠码头、仓库、旧船上的锚桨舵等等,都能令人联想起百年前的生活风貌。

　　作为杭州市井文化的一个展示场所,小河直街把对非物质文化遗产的保护和发展很好地结合起来。首先,小河直街所保存的一些运河航运、民居文化的相关技艺、习俗,本身就是非物质文化遗产。包括"运河河埠建造技艺"、"运河石桥建造技术"等已被列入杭州市非遗名录。其次,它为清、民国时期兴盛的非物质文化遗产

---

　　① 石坚韧,柳骅.浙江省水域城镇文化遗产保护与传承——京杭大运河杭州段两个历史街区的比较研究.浙江工商大学学报,2009(5).

　　② 温日琨,应小宇.城市更新中的非物质文化更新方法研究.现代城市,2009(4).

提供了展示的空间。不仅在街道两侧还保留着百年前的米店、茧行、布庄、孵坊、酱园等店铺的模样，而且在节日或周末，来自民间的米茶酱酒和传统工艺等百业百技常常齐聚小河直街，进行表演和贸易。近年来，小河直街定期举办各种节庆活动，如大运河文化节、小河元宵灯会、运河打鼓会等等，经多年发展，已具有一定知名度，成为杭州文化品牌。再次，利用旅游、餐饮等行业宣传和展示非物质文化遗产。小河直街被定位为一个集商业、居住、休闲功能为一体的历史文化街区，虽不是终日人头攒动的热门景点，但却以其古色古香、灵巧生动的水乡特色在杭州这个旅游城市中受到越来越多人的关注和喜爱，许多年轻人特地来此拍婚纱照。其餐饮业更是颇为火爆，不仅有本地风格的新腾飞蒸菜馆、丽江风格的云水谣和内蒙古风格的祥禹馆，常常需要领号排队才能吃到，还有一些老桥头面馆、三河院茶馆等一些小面馆茶楼，也生意不错，小河直街被美食家们称为"隐没在民居里的美食街"。此外，在街区内还有一些非特质文化遗产的相关培训、交流机构，并定时有讲座、沙龙等形式的活动。如地处三河交界处的柔之艺太极茶道馆，常年开设太极培训班，学员不仅有成年人，还有许多孩子，这里还定期举办"悟太极，品禅茶——太极拳道与茶道文化沙龙"；2013 年 10 月，这里还承办了海峡两岸太极同源研习会，来自台湾地区和大陆及香港地区的太极研习者们在这里共同演讲、表演、过招、探讨太极拳的传承和发展。

"柔之艺"太极馆外景

二、原住民的回迁与非物质文化遗产的保护——黄玲访谈

如果说小河直街历史文化街区展示的是清末民国初运河沿岸依运河而生息的

市井百姓的生活风貌,那如果没有了市井百姓,所谓的生活风貌必定是虚假和空洞的。运河文化的真正内涵是人,真实的原住民,在真实的环境中真实的生活状态,他们就是非物质文化遗产的传承人,他们才是非物质文化遗产所最需要保护和传承的东西。在以往的城市历史街区建设中,多采取异地安置或货币补偿的方式,将原住民迁出。近年来,由于"以人为本"的观念带来了对城市发展观念的变化,人们逐渐认识到:城市历史街区是一个"活体",它们始终参与着现实的社会生活,历史真实性、风貌完整性、生活真实性是历史街区保护核定的三个标准,包含着物质和精神两方面的内容。建筑和风貌只是历史街区的"形",只能满足历史真实性和风貌完整性两个要求,而其真正的"魂"是"生活的真实存在"——生活真实性。[①] 原住民回迁,是杭州在大运河申遗和保护中逐步发展起来的一种历史街区保护性建设拆迁方式,小河直街是这种方式的首次实际运用范例。

2007年1月,小河直街历史街区保护工程启动,为配合修缮,拱墅区政府提出了原地段安置、外迁安置和货币安置三种拆迁方式,由住户自行选择。现任拱墅区文广新局的黄玲局长当年曾在小河社区工作,谈起小河直街,她充满着感情:"80年代我刚来杭州时,有一次我婆婆带我去小河直街的一个专做中式服装的裁缝铺,去做一个中式的棉袄。那是一间在河边的小铺子,前面是店面,后面是住家,木结构的矮房。裁缝的手艺很好。我婆婆为我买的是一块梅红色的古香缎子,我至今仍记得清清楚楚。"

"我在小河街道工作过七八年,全程参与了拆迁工作。当年这里是一个很破烂的地方,每到夏天台风一来,几乎家家都会涨水。那时我们每个社区工作人员都有几家固定联系户,每到涨水无法居住时,就要帮他们安置到附近的宾馆。每到梅雨天,家家户户的衣服被子都会发霉。低矮的木房子,阳光都透不进来,空气也很差。这里住着的居民,很多都是老年人,一些年轻人成了家有条件的就搬去了新城区的楼房,很多老年人的健康状况都不好。我联系的一位大伯长期抑郁症,自残。后来,这条街被定为旧城改造的对象,很多人认为它实在太破了,没有存在的必要,应该整体推倒建设新城区。是全国人大委员、浙江大学文物与博物馆学教授毛昭晰老人多次向政府建议要保护这条古街,要不杭州就再也没有老底子的影子了。当时的杭州市政府采纳了他的建议,于是就有了小河直街历史街区保护工程,全是叫美院设计修护,要修旧如旧,居民就地回迁。

"拆迁工程开始之后,有些人不愿拆迁,街道要负责拆迁动员。我当时分管9

---

① 周永广,顾宋华.对城市历史街区原住民回迁的调查与思考——以杭州小河直街为例.经济论坛,2010(9).

户人家。其中有4户老家庭，一家三代都在这里住着，都是大户家庭，小孩至少6个，他们不愿意搬。我就跟他们分析，这样的房子，老年人住着对身体不好，而且年纪大的人又爱省钱，舍不得多开灯，终年都住在阴暗潮湿的环境里，还容易有精神上的问题，常常抑郁或者脾气不好，全家人都跟着受罪。假如舍不得离开小河，等过两年改造完成后还可以选择回迁。后来拆迁工作进展得很顺利。

"在小河街道工作的时候，我因为天天都和老住户打交道，所以听到了许多关于小河直街的故事。那些在这里已经住了好多辈的人家，家家都有一些传奇故事。我一直在想，要把那些故事编成一个剧本，剧本要写一个大家庭几代人的生活史，线索我都想好了：开头写小河直街有一个姑娘，嫁给了北京来的漕帮人，在运河里跑漕运，后来漕运衰落，就带着孩子们回到了小河直街。后来解放了，上岸了，运河一带就成了新中国最早的轻工业厂区，浙江麻纺厂啊，杭二棉啊都在这里，这位姑娘的儿女就成了新杭州的第一代产业工人。改革开放之后，这一带的国企面临倒闭，原来的厂区都改造成了文化创意园区，姑娘的第三代在文创园区搞文创了。我想的这个故事结构好复杂，想写成个电视连续剧，这就是我的梦想。"

黄玲关于的小河直街剧本虽属虚构，但小河直街上真实上演的那些历史故事，却一样跌宕起伏。在小河直街保留下来许多上宅下店的平民住宅中，有一幢与众不同的四坡屋顶，青砖实叠，砖木结构的小洋楼，南面入口为混凝土石库门，门楣上漆有"永达五金店"字样。这就是姚宅。姚宅以传统中式建造风格为主，采用了许多西式建材，如一楼用精打细磨的水磨石地坪，压花玻璃的窗户等，体现了20世纪三四十年代杭州传统住宅向近代城市住宅转型的历程。

姚宅是一座有故事的老宅。70多年前，姚金淼在小河直街开办了塘店，经营木材。所谓的塘店即木材买卖的中间商。塘店生意日渐兴隆，店名也正儿八经地改为永达木行。当时姚金淼在杭除了永达木行，还有永大珐琅厂、热水瓶厂、五金店几家产业。20世纪30至40年代，姚金淼在小河直街，先后自行设计并建造起了三座青砖黑瓦的西式小楼，为小河直街所罕见，据说当年造房时，所用建材也颇为讲究。如今，先前30年代建造的两幢小楼已被拆除，只剩一幢楼房，即现在我们所见的姚宅。在2007年小河直街改造的时候，杭州市政府向姚家提出了三个方案：一是出资1000余万元赎买。杭州著名的照相机收藏家高继生与姚家是世交，有意将姚宅作为照相机博物馆；中国美院对姚宅也有兴趣。二是交给国家，由政府补偿姚金淼六个子女每家一套100平方米以上的住房；三是修缮后原屋归还。姚家子女们选择了第三个方案——保留姚宅。姚宅回到了姚家，姚家的故事还在小河直街继续。

午后阳光下的小河直街

　　非物质文化遗产不是凝固、冰冷的物体,而是有血有肉的流存于生活着的人们当中,或者以传统手艺,或者以风俗习惯,或者以节庆娱乐等等方式存在,老杭州的民风民俗,正在小河直街上这些不愿离开故园,而选择回迁的杭州人身上传承着。

第三节　传承人与传承方式

　　"非物质文化遗产"这个概念,起自20世纪70年代,如何甄别非物质文化遗产,如何界定保护的数量和范围,以何种方式来保护,无论在国际还是国内,都是尚有许多争议的论题。保护与发展、继承与变革,都是社会历史中永恒的悖论。由于改革开放之后社会状况的急速变化,导致人们还未来得及仔细思考对传统社会文化遗存的态度和处理方式,有许多宝贵的文化遗产就永久地消失了。如何保护和传承这些不同形式、不同性质的非物质文化遗产,是政府和学术界都在努力解决的问题。

从传承的意义上说,非物质文化遗产的保护,首先应该是对创造、享有和传承该文化遗产的人的保护。同时,对这一遗产的切实有效的保护,也特别依赖于创造、享有和传承这一遗产的群体。近年来,我国对各级"非遗传承人"的扶持力度越来越大,不仅每年都在经费上给予补贴,并从多方支持其传统性经营或办学、收徒等活动。

杭州历史悠久,非物质文化遗产资源十分丰富。杭州市的非遗保护工作从2006年开始,2010年,杭州市非物质文化保护中心正式成立。2013年6月,杭州市非遗展示厅正式对群众开放,展示杭州非遗的优秀品种达80多项,包括国家级非遗名录项目余杭滚灯、西湖绸伞制作技艺、朱养心传统膏药制作技艺、蒋村龙舟盛会等。在这些技艺项目之中,传承情况各不相同,有一些正处在后继无人的状态中,例如王星记扇子中的黑纸扇工艺、张小泉剪刀中的嵌钢工艺等,都已面临失传。将这些传统文化的瑰宝传承下去,而不在我们这一代人手里消失,是我们应该承担的任务。

一、浙派古琴

2003年11月,联合国教科文组织在巴黎宣布了第二批"人类口述和非物质遗产代表作",中国古琴艺术与世界其他27个文化艺术表现形式一起获此殊荣。浙派古琴是我国最古老的一个古琴流派,其操琴风格属于吴越系统,指法圆润,节奏紧凑,创始人是南宋时期著名琴家郭沔,祖籍浙江永嘉,他用自己高超的艺术造诣、对琴乐的独特体会和对国家危亡的急切关注,创作了《潇湘水云》《泛沧浪》《秋鸿》等传世金曲,也为浙派琴艺的形成奠定了基石。

郭沔所传弟子刘志芳(浙江天台人),传有《忘机曲》《吴江吟》等琴曲。刘志芳的弟子毛敏仲、徐天民编著了《紫霞洞琴谱》(世人称为"浙谱"),毛敏仲创作的《渔歌》《樵歌》《山居吟》《列子御风》《庄周梦蝶》等琴曲影响极为深远,遂形成了在中国古琴史上风靡一时的"浙派"。徐天民在传授琴艺上成就极为突出,我国琴史上尊称为"浙派徐门",其家传经徐秋山、徐梦吉传到明代著名琴家徐和仲。徐和仲培养出一大批著名琴家,如,其子徐惟谦,弟子王礼、金应隆、吴以介、张助、萧鸾、戴义、黄献等。使浙派琴艺达到了更高的艺术境界,成为当时影响最大的琴派。清代,浙派古琴流传衰象呈现,而被称为"古浙派"。

民国时期,徐元白先生(1892—1957年)重振浙派古琴声威,创"新浙派"。

1936年他在南京组织"清溪琴社",抗战时在重庆组织"天风琴社"。抗战胜利后,在他倡导下,一批在杭文化名流定期在西湖边雅集,每人带一壶酒、一碟菜,戏称"蝴蝶(壶碟)会",举行古琴、书画等传统艺术表演观摩。当时文化界名流如马一浮、孙慕唐、张味真、张宗祥都是这一活动的热心参与者。因该雅集于西湖边且每月举行一次,故又称"西湖月会"。其古琴演奏技艺精湛,所奏《和平颂》《义勇军进行曲》《大路歌》等曲曾轰动当时音乐界。代表曲目有《潇湘水云》《鸥鹭忘机》《泣颜回》《静观吟》《西泠话雨》《墨子悲丝》等。徐元白的众多弟子中成就最高的有其子徐匡华及著名琴家姚炳炎、徐晓英、张亮、郑云飞、叶名佩、章家骐等。[①]

改革开放后,民族音乐复兴。1979年徐元白之子徐匡华、徒徐晓英等人在市文联和音协的支持下成立杭州古琴研究小组,1986年正式更名为"西湖琴社",成为当代浙地第一个古琴音乐社团,并正式颁布章程,确立琴社组织成员及其职责、权利和义务。1987年经浙江省音乐家协会批准,命名为"浙江省音乐家协会西湖琴社",徐匡华担任社长。从此定期聚会、举行活动交流琴艺,经常对外演奏、宣传、传授古琴。2003年,由徐匡华之子徐君跃接任西湖琴社社长。目前,西湖琴社社员已经增加到500余人,吸引了越来越多的古琴艺术爱好者,也引起了社会大众和媒体的广泛关注。

从传承方式来看,首先,新浙派古琴的家族传承模式十分明显。创始人徐元白出生海门音乐世家,其父徐月秋精通乐曲,擅奏琵琶、三弦等乐器。又师从苏州天平山清末浙派古琴大师大休上人,后周游全国遍访古琴名师,博收了诸家特色,并形成自己的风格。其子徐匡华,十三岁初中开始在父亲的传授下学琴。四川大学毕业后他成为中学教师,新中国成立后一直在杭四中教地理。无论是在青少年时的战争期间还是中年时的"文化大革命"期间,他从来没有放弃过练琴。"文化大革命"结束后他开始开设课堂,每周三次无偿教琴。20世纪80年代初他在音乐界已颇有声名,中央人民广播电台曾为他与有"江南箫王"之称的好友宋景濂录制了琴箫合奏曲《思贤操》,后被亚太会议挑中,并送到联合国,成为国际上一首广为流传的代表中国传统文化的名曲。该曲乐谱由联合国教科文组织出版,并由教科文组织的专家向世界各国音乐教育机构推荐。之后徐匡华与浙江歌舞团的"江南丝竹队"频频出访,后又在国内巡回演出。2004年张艺谋拍《英雄》时,辗转找到了已85岁的徐匡华,出演剧中的盲人老琴师,相信那位白须白袍、仙风道骨的高人肯定给观众留下了难以磨灭的印象。徐家第三代琴人徐君跃,从小随祖母黄雪辉、父亲徐匡华习琴,后又师从著名琴家龚一、姚丙炎学习,并随中国音乐学院吴文光教授攻

---

① 王姿妮.浙派琴艺及西湖琴社发展状况考察.交响——西安音乐学院学报,2006(3).

读古琴硕士学位,并多次在全国、省、市古琴大赛中得奖。现为中国古琴学会副会长、浙江音乐家协会古琴专业委员会会长,是浙派古琴省级非遗传承人。

其次,浙派古琴的传承中会社模式也很重要。徐家三代琴人都热衷于古琴的社会推广,组织琴社、雅集、琴会等活动,并通过琴社传授琴艺。徐元白自1930年开始授琴,弟子从学者甚众,其琴学更广为流传。在他悉心传授下,其弟子中琴艺卓著者辈出,除其子徐匡华外,如浙江的黄雪辉、徐文镜、徐晓英、郑云飞、高醒华,上海的姚丙炎、郑树南,北京的赵义正、杨大均,苏州的叶名佩等,都是知名琴师。徐匡华创办的西湖琴社是浙江省内最早组建、在国内琴界影响较大的一个古琴社团,其组织和琴乐活动,对浙派古琴乃至全国古琴音乐的传承和发展都产生了重要的影响。几十年来,西湖琴社的办公社址就设在西湖南畔清波门勾山里17号徐匡华的家中,所谓"家即是社,社即是家",这使会社与家族紧密相连,无法分割。2003年,由徐匡华之子徐君跃接任西湖琴社社长,主持琴社事务,又同时开设了"浙派琴筝艺术中心",致力于浙派古琴的推广发展,已培养学生上千人。现常年与美国、德国及大陆与台湾地区各艺术团体、优秀演奏家合作、交流,在国际、两岸和内地举办个人音乐会及古琴讲座。

再次,以家族和社团为轴心的分支模式也是浙派古琴传承发展的重要方式。徐家三代皆广收弟子,许多弟子成名后往往独立开琴馆传授琴技。例如徐元白晚年所收女弟子徐晓英,为三衢先贤、文史学家徐映璞先生的女儿。徐晓英从小受家庭的影响和父亲的严格训练,古文诗词功底很好,人称"三衢才女"。徐元白过世后,她又师从于张味真、查阜西、管平湖、溥雪斋、吴景略、张子谦等古琴大师及浙派古筝大师王撰之先生,一生致力于浙派古琴的发掘、传承和发扬。她的演奏具有浙派古琴清、微、淡、远的独特风格,并以声情并茂的琴歌演唱而蜚声海内外。她先后整理、挖掘浙派代表曲目《潇湘水云》《平沙落雁》《普庵咒》《渔樵问答》等,又打谱创作了《稚朝飞》《乌夜啼》《关雎》《陋室铭》等优秀曲目。2001年她主持成立霞影琴馆,为全国第一家古琴琴馆,琴馆每月举行琴筝雅集,每年定期出版全国不多见的馆刊,并招收学员,先后已培养学生超过千人。如今她的两个女儿及多名弟子在北京、杭州、宁波、绍兴、衢州、温州等地带徒授课,也已培养了不少琴筝人才。2012年徐晓英由文化部确定为第四批国家级非物质文化遗产项目代表性传承人,其琴歌吟唱的独特技艺正被更多的人认识和肯定。

总体上看,新浙派古琴的传承方式是中国传统的音乐演奏技艺传承方式。家族与社团相结合,以家族为主轴通过师徒相传繁衍出越来越多的支脉,如大树般根深叶茂,是这种传承模式的理想状态。

在杭州诸多位列非遗名录的技艺中,浙派古琴的传承情况,应该说是属于良性发展的。如今学古琴已成为杭州的一种文化时尚,学琴者既有少年儿童、年轻白领,也有许多退休人员,各家琴社琴馆在经济上多能自给自足,运行良好。虽然,浙派古琴在当代的兴盛,有其复杂的原因,例如传统文化的回归、各种大众传媒的广泛宣传,更重要的是它被列入世界级非物质文化遗产后得到了各级政府的大力扶持;然而其传承方式,仍是这种古老的技艺在今天仍能开花结果的重要原因。

二、杭州铜雕

杭州铜雕,发展于 19 世纪后叶,是杭州地区世代相传高超的民间手工技艺。自吴越国、南宋建都杭州,大量铜艺工匠迁入,在靠近西湖的皇城脚下,清河坊街周边,形成了以打铜巷为中心的全国铜工艺品集散地,随着历史的变迁,青铜器技艺传承到近代至当代,以清代的"朱府铜艺"以及至今的"朱炳仁铜雕",并以青铜文化为基础,发展成为杭州铜雕。杭州铜雕有着广泛的艺术内容,它包括铜建筑艺术、铜雕塑艺术、铜书壁画艺术、铜装饰艺术、铜造型艺术以及铜工艺品艺术,发展成为雕刻艺术的重要品种,现有铜塔、铜殿、铜桥、铜船、铜墙、以及铜书壁画等艺术品,如灵隐寺铜殿、雷峰塔、台北中台寺铜桥等,都深受社会各界欢迎和赞誉,为国家级非物质文化遗产,朱炳仁也被确定为国家级非遗传承人。

2007 年,江南铜屋即朱炳仁铜雕艺术博物馆建成开放,其建筑总面积近 3000 平方米,坐落在杭州历史古街——河坊街上。该馆除立面墙和地面外,门、窗、屋面、立柱、家具等全部采用铜质结构和装饰,共耗费原料铜 65 吨,由朱炳仁和其子朱军岷历时 4 年设计建造而成。因为博物馆整体风格以明清时期典型的江南民居风格加以呈现,回廊穿连,厅楼叠筑,铜光闪烁,古朴华贵,被誉为"江南铜屋"。

"朱府铜艺"的传承可以追溯到 120 余年前的清同治时代,第一代铜匠朱雨相,私塾文化,出生年月不详,他与三弟朱庆润在绍兴石灰桥畔开"义大朱府铜铺",并有伙计七八人。三弟生性好墨,一手好字,凡是铜铺的招牌书法均由他书写。后来庆润成了当时名噪江南的书法才子,绍兴全城的招牌十之有四是其所作。朱雨相有三弟配合,店铺越来越红火,方圆数十里的嫁娶喜庆的铜器大多都从这里出来的。从此形成了自己的铜艺风格,被称为"朱府铜艺"。第二代传人朱宝堂,继承父辈手艺,将铜店经营得更大更好,当时绍兴一带不管穷人富人都要到铜铺买点铜器家藏。新中国成立后,打铜业开始走向衰退。到了第三代朱德源的时代,朱家搬迁到了杭州,并逐渐远离了打铜业。朱德源是杭州一位颇有名气的书法家,在改革开放之后,他在杭州办了一家名为"朱德源书画社"的小铺,做了许多牌匾。后来他开始试图将书法和打铜结合起来,制作铜制招牌、牌匾,恢复祖业。而第四代传人朱炳仁和他的兄弟们因为时常在父亲店里帮忙，就很自然地接下了祖业。渐渐地，他从制作铜字招牌，开始涉足铜装饰领域，后来，又开拓了新领域，那就是铜建筑。

朱炳仁说："一直以来，铜铺都是作坊式经营，从我的太祖开始就是前街后坊式的，后面在叮叮当当的做，前面就在售卖，这是几千年传承下来的。而现在我和我的儿子一辈正努力地把它产业化，我们把它当作一个创意产业来做，不断挖掘它的艺术价值和文化内涵，改变它原来的生产模式。就传承来说，不再是师傅传徒弟，或者父亲传儿子，象由我创立的铜装饰公司现在是儿子在经营，算是第五代传人，目前公司有 500 多名工人，年产值也能达到 1 个多亿，发展得很不错。"①

"朱府铜艺"在当代的复兴，不仅依赖于传统文化复兴时期对铜字书法牌匾等事物的市场需求，更依赖于朱炳仁个人的文化艺术修养和制铜技艺的精研与把握，才能将祖传技艺在他手上发扬光大。可以说，他的技艺已远远超越了传统技艺传承人的框架，而是将现代艺术创作以家传材料和技法来表现的方式，可以说是创新多于继承的典型。也正是由于他的铜艺更多表现于艺术创作而不是祖传手艺，这使他的成就很难被其后人所超越甚至模仿。虽然其子朱军岷、其女朱嫣红都继承祖业，在工艺研究和铜艺创作方面都有相当高的水准，但"朱府铜艺"仍处于后继乏人的濒危状态。

以单纯的家族传承作为主要传承方式的一些技艺，在现代社会大多已经消亡或正面临着消亡的危机，"朱府铜艺"是它们之中的幸运儿。将这一技艺保留传承下来，不仅是朱家人的责任，也是社会和政府的共同责任。

三、西湖绸伞

一管细润青竹，巧劈 36 根，柔软丝绸夹于篾青黄间，套色刷花将西湖秀丽山色徐徐展开，江南丝竹在西湖绸伞上得到了极至演绎。西湖绸伞的精髓是竹，"撑开一把伞，收拢一支竹"，其特征是轻盈、美丽、精巧、雅致。在西湖绸伞 80 余年的历史上，它既有日用价值，又有欣赏价值，深受大众喜爱，被称为"西湖之花"。

西湖绸伞选料考究，制作精巧。它的圆形伞面是采用特制的伞面绸作的。这种伞面绸薄如蝉翼，织造细密，透风耐晒，易于折叠，色彩瑰丽，图案有西湖十景、古代仕女、龙凤、奔马、梅雀、蝴蝶等数十种，这是其他伞所望尘莫及的。伞骨则采用江南独特的淡竹制成，这种竹篾质细洁，色泽玉润，烈日曝晒也不会弯曲。制作一把外形美观的西湖绸伞，要经过选竹，制伞骨，上伞面三大阶段，共 18 道工序。以

---

① 　朱炳仁口述.铜雕：传统与现代的完美结合.浙江文史资料,2010(3).

选竹为例,须在每年白露之前,由经验丰富的老师傅,到余杭,奉化,安吉,德清等淡竹产地,翻山越岭,在竹林中寻觅,挑选具有 3 年以上竹龄,粗细在五六公分,色泽均匀,没有阴阳面和斑疤的淡竹。过嫩、过老、过大、过小的竹都不能要,真是"百里挑一"。这样的淡竹每株仅取中段 2 至 4 节作伞骨,然后由劈伞骨的师傅将之均匀地劈成 35 股。一把绸伞 35 个根骨,每根骨 4 毫米宽,这样制成的伞重量只有半斤左右。收拢时,彩色的绸面不外露,伞骨恰好还原成一段淡雅的圆竹,结节宛然,十分朴素大方。撑开时,则又绚丽多彩,美轮美奂。

西湖绸伞创始于 1932 年,当时杭州丝绵厂的都锦生先生由日本带回一把绢伞,以此为借鉴,他组织了丝厂的老工人竹振斐等人用杭州特有的丝绸和淡竹创制出了西湖绸伞。到了 1935 年春天,杭州出现了第一家专门制造绸伞的作坊,这就是著名的竹振斐的"竹氏伞作"。早期西湖绸伞仅有刷花,图案以风景为主,有"平湖秋月"、"三潭印月"等几种。由于很快受到了四方宾客的喜爱,杭州不久又出现了"黄记"等几家制作西湖绸伞的作坊。到 20 世纪五六十年代,小作坊因公私合营而合并成西湖伞厂,西湖绸伞进入了鼎盛时期,仅 1959 年一年的产量就有 40 万把。[①] 期间绸伞得以不断创新,花色也越来越丰富。如制作了 1972 年赠送给尼克松的西湖绸伞的屠家良,曾创制了十余种工艺伞,他将萧山花边用在伞上,做出带花边的西湖绸伞;将伞顶做成三潭印月;用竹根做伞柄等等,多次获得过工艺美术创新奖。

进入 20 世纪 70 年代之后,西湖绸伞逐渐减产,主要作为工艺品出口苏联和东欧等地。现为西湖绸伞国家级非遗传承人的宋志明,正是在 1977 年进入杭州市工艺美术研究所,随竹振斐老艺人学艺的。5 年学徒生涯中他不仅从竹老那里学得了制作绸伞的 18 道工序,还参加绘画学习班、中国工艺美术史学习班学习,在学艺的基础上,提高绘画能力和艺术修养。竹老对绸伞的研究工作从不间断,宋志明是他科研工作的主要助手,如晴雨两用绸伞的研制,宋志明陪同竹老外出调研,进行试验,最后取得研究成功。1995 年研究所停止制作西湖绸伞后,宋志明自筹资金在富阳建立了一个西湖绸伞生产基地,在生产和创新上都获得了不俗的成绩,2003 年荣获杭州市优秀旅游商品金奖。

由于制作西湖绸伞工艺复杂,原料也越来越难获得,熟练工人一天也很难完成一把,所以成本偏高,零售价达五六百元,在市场竞争中很难立足,近年来销售量很少,宋志明的富阳基地也难以为继。如今在西湖各景点卖的,大多是来自江西、湖南等地的仿制品,用料和做法都相对简单,价格低廉。杭州市为了扶持传统技艺,

---

① 宋志明口述."西湖之花"尽开颜.浙江文史资料,2012(3).

在 2012 年到 2013 年,共建立了 30 家技能大师工作室,这些工作室大多得到了企业资助,唯独宋志明的西湖绸伞技能大师工作室在得到了政府 5 万元的一次性奖励之后,没有企业愿意投入资金。宋志明说:"这门手艺烦琐,年轻人没有这个耐心。现在好的淡竹原料也很难找到,原计划想找一两个学徒也没有找到。"①现在,会做伞架的师傅已经很少,大多上了年纪,宋志明也已经 56 岁了,打算再做几年就退休收山,所以西湖绸伞工艺已接近失传。

在杭州,像西湖绸伞这样的工艺性非物质文化遗产不止一家,还有王星记扇子、张小泉剪刀等,都属于传统的手工技艺,与上文中的"朱府铜艺"不同的是,这些工艺的传承不是家族式,而是作坊师徒式的,其作坊与技术一体,技术的传承要通过作坊的作业来完成。而当其产品在当今失去了其日用价值,原来的作坊已经不能维持的情况下,原来的传承方式必须要发生变化,否则必难以继续传承。事实上,如果保护得力,它们都可能完成其华丽转身,改变原有的功能和价值,而成为收藏展示类艺术品,在艺术品市场或收藏品市场中重获新生,而不仅仅只是绽放在博物馆的展厅之中。

四、径山茶宴

"径山茶宴"是 2010 年文化部通过的第三批国家级非物质文化遗产名录中民俗类非遗项目,是我国自唐至明清茶宴礼俗的续存,也是江南禅寺饮茶文化的一部分,后流传到日本,成为日本茶道的起源。

"茶宴"一词出现于唐代浙江寺院,尤以余杭径山万寿寺茶宴最为著名。径山茶宴盛行于宋元时代,是径山寺僧接待上宾时的一种大堂茶会。根据记载,每当贵客光临,住持就在明月堂举办茶宴招待客人。径山茶宴从张茶榜、击茶鼓、恭请入堂、上香礼佛、煎汤点茶、行盏分茶、说偈吃茶到谢茶退堂,有十多道仪式程序,宾主或师徒之间用"参话头"的形式问答交谈,机锋偈语,慧光灵现。以茶参禅问道,是径山茶宴的精髓和核心。径山茶宴堂设古雅,程式规范,主躬客庄,礼仪备至,依时如法,和洽圆融,体现了禅院清规和礼仪、茶艺的完美结合,具有品格高古、清雅绝伦的独特风格,堪称我国禅茶文化的经典样式。

作为一种佛门的礼俗文化,径山茶宴的兴盛与传承,实质上归结于径山寺的兴衰。径山寺始建于唐初,开山祖师是江苏昆山人法钦。根据陆羽《茶经》记载,唐代饮茶之风流行于上流社会文人士大夫与禅林僧侣之间,而陆羽隐居著书之地正是

---

① 杭州西湖绸伞技艺面临失传.中国日报,2013 - 08 - 30.

径山附近的苕溪。至宋代,茶宴之风更为盛行。南宋时名僧大慧宗杲住持该山,弘传临济杨岐宗法,提倡"看话禅",由此道法隆盛。同时,径山寺的历史一直与茶文化联系在一起。据编于清康熙年间的《余杭县志》记载:法钦禅师曾手植茶数株,采以供佛,逾年蔓延山岩。径山茶色淡味长、品质优良、特异他产,宋以来还常被用来皇室贡茶和招待高僧及名流。从径山第十三代住持大慧宗杲(1089—1163年)到径山第二十五代住持密庵咸杰到径山第四十代住持虚堂智愚(1185—1269年),径山寺声誉日隆,南宋嘉定年间被评列为江南禅院"五山十刹"之首,号称"东南第一禅院"。陆游、范成大等名流都曾慕名到径山寺参佛品茶。宋孝宗皇帝还偕显仁皇后登临径山,改寺名为"径山兴圣万寿禅寺",且亲书寺额。所题"孝御碑"历800年至今残碑犹存。朝廷也多次假径山寺举办茶宴招待有关人士,进行社交活动,从而使得"径山茶宴"名扬天下。[1]

宋元时期,中日禅僧往来频繁,江南地区盛行的禅宗曹洞一宗与临济一宗都传到日本,曾两度入宋的日本高僧千光荣西,因在都城祈雨应验而获得径山寺大茶汤会之礼遇。归国时带去天台山茶叶、茶籽及种植、制作方法及茶礼仪式,著《吃茶养生记》,并依径山茶宴礼仪规定了吃茶、行茶、大座茶汤等茶道礼仪,在日本被誉为"茶圣"。18世纪江户时代国学大师山冈俊明的《聚类名物考》中记载了这一段历史:"茶宴之起正元年中(1259年),驻前国崇寺开山南浦绍明,入唐时宋世也,到径山寺谒虚堂,而传其法而皈。"这一史料是日本茶道源自径山的铁证。

然而茶宴礼仪在明之后逐渐衰落,整个宋代点茶之法在当今中国都难觅踪迹。2008年,"径山茶宴原型研究"课题组成立,由余杭陆羽茶文化研究会会长王家斌研究员主持,2010年课题验收通过,其成果主要包括:径山茶宴的来源、所用茶叶品种、宋时茶宴所使用之器具、茶宴之程序以及与日本茶道之间的关系等,并试图将这些理论付诸实践,在径山寺恢复茶宴礼仪。

作为一项失传已久的民俗类非物质文化遗产,径山茶宴可以说早已失去了其传承。事实上,许多古代曾盛极一时的风俗文化都已无迹可寻。其原因很多,首先,径山茶宴所倚托的禅佛文化早已今非昔比。禅宗自唐而宋明一直为中国文人所偏好,由此而来的"打机锋"、"参话头"在经历了盛极的荣光之后早已成为禅宗末流,如今对临济宗的研究与传承更多出现在日本。其次,宋代茶宴礼仪程序烦琐,即使能在器具等物质载体意义上完全复原,恐也难适应现代生活节奏。而更重要的则是主持仪式及参与仪式的主客体——人。径山茶宴的主旨从来不是物而是人,它是一种出世高人与士大夫之间的心灵对话,即体现了士大夫对超越世俗世界

---

[1]　张家成.中国禅院茶礼与日本茶道.世界宗教文化,1996(3).

的精神追求，也体现中国禅宗高士离世不离人、仍有着强烈人文关怀的品质，而这样的交流，在当代社会，已无存在之可能。

在某种意义上，径山茶宴的传承与径山寺住持高僧的代代传承互为关联，现任住持戒兴法师，毕业于中国佛学院，后于杭州灵隐寺为众执事六载，2008 年任径山禅寺住持至今。他对禅茶文化颇有心得，他认为"禅茶文化之核心在于以禅心为原点的证悟"，要"以禅心喝茶，以禅心应对万缘"①。在他的主持之下，径山寺近年来举办过数次表演和实验性的茶宴活动，当地政府也规划建立了径山茶宴体验中心。这使径山茶宴这一非物质文化遗产不仅在理论研究层面，而且在原地、原场景中得以保存和再现。

从浙派古琴、杭州铜雕、西湖绸伞、径山茶宴四项世界级和国家级非遗项目来看，其传承方式各异，保护和发展的前景也各不相同。因此，需要采用不同的方式区别对待，对于在今天仍有充分的活力生存与发展的，应给予政策上的支持并尽可能提供其发展的机会和渠道；而对于在现代的市场竞争中难以生存、已经失传或濒临失传的非遗项目，则还需提供经济上的支持使之得以保留，或以影像、文字等方式记录下来，让我们的后代仍能看到、听到这些曾经辉煌过的文化遗产。

第四节　影视资源与非遗的保护和传承

杭州是国务院确定的第一批 24 个历史文化名城之一，著名的风景旅游城市，中国七大古都之一，也是浙江省的政治、经济、科教文化中心，非物质文化遗产资源十分丰富，非遗名录也同样成绩骄人。2007 年，杭州市率先在全省建立了两级名录体系，至今市及区县分别公布三批名录 703 项，其中市级名录 289 项。杭州市入围省级名录 167 项，遥居全省榜首。2009 年 9 月 30 日，中国篆刻和蚕桑丝织技艺 2 个项目被列入"人类非物质文化遗产代表作"名录，加上作为古琴艺术子项目的"浙派古琴艺术"，目前杭州市有世界级非遗项目 3 项。2011 年，杭州织锦等 12 项成功列入第三批国家级非物质文化遗产名录，使杭州市国家级名录数量跃升至 38 项，居全国同类城市第一。这一成绩的取得，主要当归因于杭州地区历史悠久，文化资源丰富这一客观原因。然而，这与本地区的现代影视资源之强势也有不可忽视的密切联系。从杭州地区的文化遗产申报、保护、传承的"可持续发展"来看，影

---

① 张菁. 茶禅一脉承，隽永存中日——径山寺住持戒兴法师访谈. 中华合作时报：茶周刊，2013 - 11 - 16.

视资源得到了积极、合理、科学、全面的运用。

一、影视手段在非遗保护和传承方面的作用

虽然我国是非物质文化遗产大国，我省是非物质文化遗产大省，但是，由于众所周知的全球现代化进程影响，现代工业、现代农业、现代生活方式、现代思维观念已经渗透到我国国土的每一个角落，使得我国的非物质文化遗产逐渐丧失了其生存的原生态，并且正以惊人的速度流失和消亡。在每天都有"人亡艺绝"的现象发生，传承速度大大落后于消亡速度的严重事态下，怎样才能以最高的效率、最好的效果，尽最大可能挽救非遗？就目前的情况看，大力加强影视资源运用是一条可行之路。

《中国民族民间文化保护工程普查工作手册》数年前就曾指出："鼓励和支持新闻出版、广播电视、互联网等媒体对非物质文化遗产及其保护工作进行宣传展示，普及保护知识，培养保护意识，努力在全社会形成共识，营造保护非物质文化遗产的良好氛围。"[1]这段指示无疑肯定了影视资源在保护非遗方面的重要作用。

对于大量即将失传的非遗项目，保护的当务之急无疑是记录。在记录上，影视技术较之于其他手段（如口耳相传、文字记录、绘画、摄影等）具有更快速、真实、科学、直观、准确、动态、全方位、多维度、多信道的多重特点。而在保存上，除速度快以外，影视手段又具有高信度、易复制的长处。至于在传递和交流上，传播迅速、感受真切、受众面广更是其不可比拟的优势。可见，影视手段可以很好地保持非遗内容的本真性、整体性和可解读性。故而，影视手段就成为记录、保存、传递和展示非遗原生形态性质的重要载体。

例如，早在 20 世纪 50 年代，中国社会科学院民族研究所就曾拍摄了如《黎族》《佤族》《凉山彝族》《大瑶山的瑶族》《赫哲人的渔猎生活》等一批少数民族民俗纪录影片，真实地记录了那些民族的生活和社会状况。现在，半个世纪过去了，当时的社会形态、生活方式和不少文化事象都已改变，这批影片就成为民俗文化研究的珍贵资料。没有这个载体，我们现在就很难了解当时的民俗面貌。

时至今日，电视和电影已经成为主流传播媒体，正用话语权优势对百姓的意识形态进行着无处不在、潜移默化的引导。有数字统计表明，照片、电影、电视、电脑和网络影响着地球居民总计 60％强的观众的见解、审美力、语言、服装、行动甚至

---

① 中国艺术研究院中国民族民间文化保护工程国家中心编.中国民族民间文化保护工程普查工作手册.北京：文化艺术出版社,2005.174.

外表神态。据 1996 年对 41 个国家中家庭拥有电视的青少年进行的一次调查,发现他们每天看电视的时间是 6 小时,最低也不少于 5 小时。[1] 可以说,匈牙利著名电影理论家巴拉兹·贝拉预言的全球性的"视觉文化"时代显然已经来临了。

所以,我国非遗产的保护和传承要想在全民中普及,就不得不借助影视媒体的强大力量。目前,我国电视机的保有量和电视人口已稳居世界第一。来自 AC 尼尔森 2010 年的调查表明,电视仍然是中国人最主要的媒介平台。其中,每个家庭每个月收看电视的时间,平均为 156 小时。中国成人平均每天收看电视的时间是 175 分钟。由于影视作品对百姓生活的影响愈来愈大,运用影视手段更有利于宣传非遗,能使更多的人关注、了解、体味和感悟,进而自觉地保护、传承。影视作品在唤醒民众的文化自觉方面,扮演着不可忽视的重要角色;影视手段在构建民众的非遗意识上,具有不可估量的作用。

二、影视手段对浙江省及杭州地区非遗工作的贡献

运用影视手段搜集、拍摄、记录、整理中华民族的文化遗产,积极拯救那些濒危的民间文化,是历史和人类文明进步的要求,也是回顾历史、温故知新、教育现代的"多赢"之举。在这一点上,中国中央电视台已为我们做出了良好的示范。

2002 年 9 月,中央电视台海外中心专题部开始全新推出大型文化栏目——《走遍中国》,每日在国际频道(CCTV - 4 套)播出。节目首映的时间,比联合国教科书组织给出"非物质文化遗产"的定义早了一年多。也就是说,在当时,"非遗"的概念尚未在世界民众心中树立。可是我们惊奇地发现,在这档大型节目中,有关非遗的内容竟占据了相当大的比例,令我们不由得敬佩摄制组的前瞻性眼光。而令我们鼓舞的是,摄制组把众多焦点汇聚到了浙江省的非遗上。就 2006 年所摄制的来看,《小货郎大生意》《十里红妆》《寻石记》《廊桥遗梦》《龙泉青瓷官窑之谜》等几期节目,分别涉及浙江省内宁波朱金漆木雕、汉族传统婚俗(宁海十里红妆婚俗)、青田石雕、木拱桥传统营造技艺、龙泉青瓷烧制技艺等非遗项目。可以说,摄制组通过不远千山万水的实地采风,运用影视资源和技术,为发掘、保护、宣传和普及浙江省的非遗做了件功德无量的大好事。后来,在节目中出现的这几个项目都有幸荣登了国家级的非遗名录。

而杭州地区的非遗项目,也得惠于影视手段良多。如前所述,杭州地区的国家

---

① [美]爱德华·赫尔曼,罗伯特·麦克切斯尼著.甄春亮译.全球媒体——全球资本主义的新传教士.天津:天津人民出版社,2001.41.

116

级非遗已达 38 项,居全省榜首,省会城市第一。杭州地区的省级非遗则更是已经达到 167 项。

在这其中,借助于影视手段,有不少非遗项目早就在民众中造成了耳熟能详、家喻户晓之势。例如第一批国家级非遗中,"民间文学"大类里的第 6 项"白蛇传传说"和第 7 项"梁祝传说"在入选之前,早已借助于影视手段深入人心,得到了很好的保护和传承。据笔者统计,自 1926 年至 2006 年,"白蛇传传说"以电影、戏曲电影、电视剧、动画片等不同影视方式被搬上荧幕和荧屏,其中电影 11 种,电视剧 6 种。同样,自 1954 年至 2008 年,以"梁祝传说"为主题的影视作品,也至少涌现了 7 部电影和 3 部电视剧。二者都取得了极其成功的媒体效应。其中,1981 年上影厂摄制的戏曲电影《白蛇传》,上映时引发热潮,总观众竟达到 7 亿人次之多。

《国家级非物质文化遗产代表作申报评定暂行办法》中具体评审标准第三条是:"具有促进中华民族文化认同、增强社会凝聚力、增进民族团结和社会稳定的作用,是文化交流的重要纽带;"[①]我们发现,展示"白蛇传传说"和"梁祝传说"的影视作品中,有相当部分由港、台地区和国外媒体(日本、新加坡等)完成,可见这两项非遗无疑起到了"促进中华民族文化认同、增强社会凝聚力"的作用,具备了"文化交流的重要纽带"的性质。而试想,没有影视手段的巨大推动力,是很难有这样好的交流效果的。因此,"白蛇传传说"、"梁祝传说"能顺利入围第一批国家级非遗,影视手段功不可没。

2002 年与 2008 年二次普查新发现非遗保护项目 18542 项,科学地运用影视资源手段,将能对非遗产的保护和传承起到巨大的推动作用。

三、杭州地区的影视资源盘点

浙江省不仅是文化大省,也是影视资源大省。其实,无须言及全省,仅就杭州地区来说,影视资源就非常丰富。杭州地区的影视资源至少有高校资源和社会资源两类:

(一)高校资源

影视人才的培养,离不开高等教育和高等院校。杭州地区的这一资源,主要来自龙头院校浙江传媒学院和一些其他相关院校。

杭州地区的影视人才培养资源,无疑首推浙江传媒学院。它是国家广电总局

---

① 　参见国务院办公厅《关于加强我国非物质文化遗产保护工作的意见》(国办发[2005]18号文件)附件。

和浙江省政府共建共管的一所培养广播影视及传媒人才的高等院校,是目前国内培养影视人才的两个主要基地之一,素有"北有北广,南有浙广"之称。建校以来,已为各级电视台、电台及社会影视制作单位输送了大批专业人才。

学校设有播音主持艺术学院、电视艺术学院、电影学院、电子信息学院、动画学院、管理学院、国际文化传播学院、设计艺术学院、新媒体学院、新闻与传播学院、文化创意学院、文学院、音乐学院、继续教育学院14个二级学院,拥有"新闻传播学"、"戏剧与影视学"、"通信与信息系统"、"交互媒体技术"等4个省级重点学科;开设本科专业34个,其中艺术类专业16个,播音与主持艺术和广播电视编导等2个专业为国家特色专业。建有"浙江省传播与文化产业研究中心"、浙江省非物质文化遗产基地,"国家动画教学研究基地"等8个省级以上研究机构。学院还坚持开放办学,先后与全球40多所高校建立了友好院校或合作关系。

学校教学实验设备先进,教学仪器设备总价值达2.1亿元。建有省级实验教学示范中心1个、建设点4个,播音主持与导训实验室、数字影视特技实验室等32个实验室;22层演播大楼拥有各种规格演播厅17个,是集教学、科研、社会服务三大功能于一体的广播电视节目生产基地。学校还配备了校园有线电视、千兆校园网、卫星地面接收站,成立了下沙高教园区广播电视台。学校图书馆馆藏各类纸质图书文献110万册,电子图书75万余册,音像视听资料5.1万件,已成为我国区域性广播影视资料中心。可谓专业性强、实力强大、资源丰富。近年来,该校深入开展与省广电集团的合作,成立了浙广传媒有限公司等实体。还积极参与动漫产业,与杭州经济技术开发区合作筹建传媒文化创意产业园。

在该校的研究机构中,"浙江省非物质文化遗产研究基地"是与非遗保护最密切相关的一个。近年来,学校以贡献全省文化事业为己任,引进了大批高层次的教学科研人员,他们在人类学、社会学、民族学、乡土文学、地方戏剧等方面有众多研究成果,对于非物质文化遗产的研究有较扎实的学科基础和学科背景。学校整合此研究力量,倾力用多元文化的视觉交融来构建非遗这一新的学科体系,以期使本省非遗的发掘和保护工作跃上新台阶。为此,省文化厅于2008年6月在该校挂牌设立"浙江省非遗基地"。

基地侧重影像记录的独特优势,把各类影像作为资料长久保存,成为研究者研究的客观依据,实现保护和传承的目的。基地成立后,实施的工作主要有:

1. 积极参与全国第二次非物质文化遗产普查。鉴于此项工作的重点在县、乡镇,将与非遗保护重点县共建普查基地,并认真做好成果数字化工作。2. 鉴于第一批国家级项目每项"一本书、一个专题片"的做法,做好第二批国家级项目的专题片。经过几年的努力,完成系列专题。3. 组织科研人员将省级第一批和第二批共

289项非遗名录进行整理。在已有素材的基础上,增补新素材,按类别进行列项和逐项介绍,撰写制作图文并茂的《浙江省非物质文化遗产名录》,由出版社公开出版发行。4.利用传媒学院实践教学的平台,利用实践教学周和暑期学生实践活动,开展"浙江省国家级非物质文化遗产传承人口述历史"与"浙江戏剧传承人口述史"的数字化工作。5.积极申报各类课题,加强理论研究;结合相关专业建设需要,开设系列非遗选修课及讲座,在大学生中普及非遗知识和保护理念。

目前,除浙江传媒学院这个影视资源的龙头高校外,杭州地区还有不少其他高校也蕴藏着丰富的影视资源。

浙江大学传媒与国际文化学院设有新闻传播学系、影视动漫学系、广告传播学系等6个系,含传播学、新闻学、广播电视艺术3个硕士点和传播学博士点。还有省级重点研究基地(浙江省传播与文化产业研究中心),以及传播研究所(省级重点学科)、新闻传媒与社会发展研究所、广播影视研究所等研究机构。他们的发展宗旨是:构建具有国际水准的传媒学科发展平台,为我国传媒和文化建设研究以及人才培养做出贡献。

浙江工业大学人文学院设有新闻学系、广告学系和播音主持艺术系,各类实验设备齐全,现有1个多媒体演示室、1个电脑网络室、1个广告制作室、1个影音视听室、1个形体训练房和6个播音实验室,总面积超过400平方米。此外,学校有一个大型的"现代教育中心",主要为广播电视新闻学等专业服务,其硬件设施居国内一流水准。

中国美术学院的传媒动画学院,被国家广电总局首批授予"国家动画教学研究基地"。下设动画系、摄影系、影视广告系等,其中"电影学"专业被列为浙江省重中之重学科。

此外,浙江理工大学下设文化传播学院,有文化传播综合实验室。浙江树人大学人文学院设有新闻学(网络传播)本科专业。浙江财经学院传播系设置了广告学和数字媒体艺术本科专业。浙江艺术职业学院有特色系:影视技术系。

其中,最值得一提的是浙江艺术职业学院影视技术系。其前身为1951年的浙江省电影训练班和1978年的浙江省电影学校,是培养电影放映技术与管理人才的摇篮。50年来共培养学生近800人,各类专业技术人员2万余人,为本省电影事业输送了大批技术人才。合并后组建的影视技术系,开设了电子声像技术、影视多媒体技术(舞台影视技术)等专业,培养高新技术的应用型人才。并利用学院丰富的艺术教育资源,增设艺术类课程以加强学生的艺术素养,以适应社会对文艺科技人才的需求。该系设有声像教研室,另有实验影剧院、电影小厅、录音棚、演播厅等多功能、现代化的校内实习场所,以及多处校外实训基地。

由此可见,杭州地区高校的影视资源并非一枝独秀,而是百花齐放,这就为杭州地区非遗的保护与传承提供了技术和人才的支持。

(二)社会影视资源

社会影视资源主要指影视节目的制作和传播的主体：广电机构和影视公司。

杭州地区的广电机构首推浙江广电集团。目前该集团拥有 19 个广播电视频道,其中电视频道 12 个,浙江卫视为卫星频道;钱江都市、经济生活、教育科技、影视娱乐、民生休闲、公共·新农村、少儿频道为地面频道;国际频道为境外落地频道;留学世界、数码时代和好易购频道分别是数字付费和家庭购物频道。广播频道 7 个,分别是浙江之声、经济频道、音乐调频、民生 996、交通之声、城市之声和旅游之声。该集团与 10 多家国外媒体机构建立了友好合作关系,在欧洲、北美、亚洲、澳洲等地开辟了外宣窗口。同时,集团拥有 13 家企业单位和 8 家控股、参股公司,经营影视生产、宣传出版、演艺会展、广电网络、数字电视、互联网站等相关产业,并参与开发移动电视、手机电视等新媒体业务。可谓是影视产业的"大鳄"。浙江广电集团技术设备不断升级,先后投入 20 多亿元,引进配置国际一流、国内领先的 16 讯道高清电视卫星转播车和各类卫星转播车 12 辆,建成规模不一、功能各异的数字化广播电视演播厅 21 个,浙江卫视列入全国首批高标清同播电视频道,广播电视数字化、网络化水平明显提升,技术装备实力走在全国省级广电的前列。计划投资 50 亿元,用 5 年时间建成"浙江广电传媒大厦"和"浙江国际影视中心"两大省重点文化工程项目,建筑体量达到 45 万平方米,成为迄今浙江省投资规模最大、档次最高、功能最全的现代化广播电视建设项目。

其次当数杭州电视台,它有少儿、综合、西湖明珠、生活、影视、导视 6 个下属电视频道,实力亦不容小视。这样,仅在杭州市区就拥有 18 家电视频道,如此阵容的影视资源,不可谓不丰富多彩。

再有就是影视公司。位于杭州市的浙江电影制片厂,是本省老字号的影视基地。而 2004 年 12 月由浙江广电集团与民营企业合资组建的浙江影视(集团)有限公司,则是浙江影视制作产业的后起之秀。它整合了省内最具实力的影视制作机构的影视资源,目前,公司旗下已有 8 家影视企业,努力做大做强影视产业,在更高起点为浙江省经济发展和"文化大省"建设服务,为满足人民群众日益增长的精神文化需求服务。浙江影视集团一直以"高品位、大格局、大视野"为发展理念,以打造高品质作品为创作理念,策划拍摄各类题材的影视剧,制作及参与制作了一批规格高、影响大的影视剧精品,如电视剧《十万人家》、《延安爱情》、《古今大战秦俑情》、《中国 1921》、《我的燃情岁月》、《离婚前规则》、《温州故事》,电影《超强台风》、《集结号》、《非诚勿扰》、《非诚勿扰 2》、《唐山大地震》等,获得了社会效益和经济效益双丰收。电视剧《延安爱情》、《古今大战秦俑情》2011 年分别登陆"央视一黄"、"央视八黄",获得广泛好评。《中国 1921》被央视一黄选为建党九十周年献礼剧的第一部隆重播出。公司参与投资拍摄的电影《建党伟业》则是电影界最重要的建党九十周年献礼剧目。

四、当前影视手段保护非遗的实践

近年来,在科学运用影视手段保护非遗项目方面,杭州市做了许多有益的实践探索:

一、制作录像、光盘

国务院办公厅《关于加强我国非物质文化遗产保护工作的意见》要求我们:"要运用文字、录音、录像、数字化多媒体等各种方式,对非物质文化遗产进行真实、系统和全面的记录,建立档案和数据库。"[①]对非遗项目进行全真性记录,制作录像、光盘以保存第一手原始资料,是保护和传承非遗的基本措施。

艺术作品的形象思维运用个性化和典型化的手法,常常借助虚构和想象甚至夸张。而保存非遗信息不是艺术创作,而是忠实的记录。制作全真性录像、光盘的特点恰恰就是不用任何技术处理手段,没有虚构和想象,避免了艺术化,保证了记录的真实、全面。

通过影视手段,将具有浓郁民族和地域特色的非遗"活"形态,包括民众的生活方式、历史发展以及民族或群体特有的民俗气质等等,完整、真实地记录下来,使非物质文化在有形的影像之中得以展现,从而成为见证民众生存状态和生活文化的"活态文献"。

在 2008 年完成的省内第二批非遗普查中,杭州全市共汇编普查资料 714 卷,音像档案 2486 盒,录像 1729 盒。杭州市群艺馆共收到杭州地区各区县制作的有关光盘 139 张。群艺馆根据此制作了包括总体概况、各区分别介绍、总目录与分目录在内的近 60 小时的总盘。例如由淳安县上报的一套普查影像资料光盘,按类记录了当地包括"八都麻绣"在内的 71 个非遗项目,平均每个项目约 10 分钟左右。这套光盘记录详实,除了每个非遗项目的实地考察拍摄,还配有文字介绍,片尾都附有传授者、普查者和拍摄者的信息。随着普查的深入和非遗线索的不断增加,将

---

① 参见国务院办公厅《关于加强我国非物质文化遗产保护工作的意见》(国办发[2005]18号文件)。

会有越来越多的录像、光盘式全真性记录被用来充实我们的非遗资源数据库。

另外，为过去的录音资料配制录像，也不失为一种有创意的工作。例如，天津中华民族文化促进改革会与有关部门合作，从 1994 年起开始了一项称为京剧"音配像"的工作。他们对一批老艺术家在巅峰时期演唱的唱片、录音带等声音资料进行修补、翻制等处理，配上一些正值盛年的演员的表演，制成录像资料，已形成了一些珠联璧合的精品。浙江传媒学院"浙江省非物质文化遗产研究基地"近年来开展的"浙江国家级戏剧传承人口述史"的数字化工作，正是这方面工作的有益尝试。

二、制作专题纪录片

一般的非遗专题采访规模小，很少有连续报道，故而受众面小，影响也小。只有受到足够重视、有连续报道的专题片，才有较大的社会影响力。例如前文提到的中央 4 套电视纪录片《走遍中国》，自从 2002 年播出以来，已播放数千集，至今仍在拍摄，在非遗的宣传上具有集中、全面、确切的优势，故而才能造成如此的社会影响。近年来，各地电视台也都纷纷制作有关非遗的专题纪录片，这是令人鼓舞的事。浙江卫视和杭州电视台在这方面走在了各地电视台的前列，制作了大量有关本地文化的专题纪录片。

2003 年一部以吴越国的历史为题材，演绎杭州的人文内涵和发展巨变的电视纪录片《吴越春秋》在杭州完成。电视纪录片《吴越春秋》共分 6 集，分别为《乱世英雄》、《奠基杭城》、《长治久安》、《富甲天下》、《佛国风华》和《纳土归宋》。全片长达 3 个小时，每集 30 分钟。

2006 年浙江卫视开始制作电视纪录片《西湖》。自从 1919 年上海商务印书馆拍摄的无声影片《西湖风景》问世以来，究竟有多少以影视手段对西湖进行纪录的作品，已经难以确计。为弘扬优秀文化，为创作一流精品，浙江广电集团投入巨资，从 2006 年开始，浙江卫视倾力打造了十集大型电视纪录片《西湖》。历时三年，于 2009 年问世。《西湖》产生了十集的篇目，它们依次为《西湖云水》、《临安的记忆》、《西湖旧影》、《湖山晴雨》、《香市》、《戏文的神采》、《画印西湖》、《西博往事》、《伊人在水》和《天堂》。它主要不是表现西湖的自然风景，而是围绕着西湖的文化，以情景再现等方式发掘江南文化的深层底蕴。其中，涉及杭州地区非遗的部分的有：通过"红顶商人"胡雪岩所展现的胡庆余堂中药文化（传统医药类第一批国家级非遗）、通过西泠印社所展现的金石篆刻（民间美术类第一批国家级非遗）、通过西湖龙井所展现的绿茶制作技艺（传统技艺类第一批国家级非遗）等。

2013 年浙江卫视开始制作另一部大型纪录片《南宋》。八集大型纪录片《南宋》是由浙江省委宣传部、浙江广电集团2014年精品工程,浙江卫视节目中心将于2014年推出。纪录片《南宋》是浙江卫视继纪录片《浙江文化地理》、《西湖》之后的又一部大型人文纪录片,纪录片《南宋》共分八集,主要内容为《遥望中原》、《华贵之城》、《诗词流域》、《南曲戏文》、《宋画千秋》等集。纪录片用先进的特效制作,丰富的视觉传达,扎实的电视文本,还原一个真实的南宋。

这些有分量的专题纪录片,对杭州地区非物质文化遗产的传播与发展,起到了很好的作用。

三、拍摄非遗题材系列电影

近年来在浙江省委实施"文化保护工程"以来,全社会已形成了重视、关心、参与非遗保护的浓厚氛围。影视工作者们也以极大的热情涉足这一领域,从这些宝贵的资源中挖掘出丰富的影视创作素材,以此打造文艺精品,并通过它们的广泛传播,为传承非遗做出贡献。

2006年6月,为庆贺中国首个"文化遗产日",杭州今古时代电影制作有限公司举办了"浙江省非物质文化遗产系列电影创作"暨首批电影拍摄签约仪式,策划了非遗题材系列电影的创作构想。《皮影王》、《十里红妆》、《情系龙泉剑》、《蓝印花布包裹的纯真年代》、《李渔的戏班》等10部电影已作为首批选题,将在最近几年内陆续完成拍摄,部分题材还将进行影视套拍。虽然情节各异,但都紧扣非物质文化遗产这一主线展开。

其中,《皮影王》意义尤为重大。它是我国首部"非遗"电影。经过两年的筹备,业已率先拍摄完成,并于2008年6月在浙江海宁市举行了全国首映。影片通过声乐、唱腔的支撑,光影、音像的完美结合,展现了本省国家级非遗"海宁皮影戏"的辉煌,把中国皮影戏悠久的历史、精湛的艺术刻画得淋漓尽致。首映日影院座无虚席,不少家长带着孩子观看。市民朱先生说:"通过观看影片加深了对皮影戏的了解,将皮影戏这种非物质文化遗产搬上荧幕,相信可以让更多的人了解传统文化的魅力所在。"

2005年,今古电影公司提出了"230"工程(即2年创作30部电影)。精心筹备的非遗题材系列电影创作,是"230"工程的重中之重。因为题材的特殊性,公司拍摄这套系列电影,除了国内市场外,还着力注重海外市场。在2006年举行的上海国际影展和义乌博览会上,非遗系列电影一经推出,不仅得到各方人士的关注,一些海外片商更是表现出对其的浓厚兴趣。像日本Kacoon International公司、台湾地区电影协会等都计划购买电影版权,向世界推广这些独特的中国非遗电影。这样,非遗不但能得到本土传承,还能进一步得到海外传播,可谓一举两得,影响深远。

2014 年,由西湖区文广新局、双浦镇人民政府和西湖区茶文化研究会共同打造的首部非遗微电影《九曲红梅》制作完成。故事讲述了一段关于九曲红梅的美丽的爱情故事。刘爱梅是来自西湖区双浦镇双灵村的留学生,在国外认识了 MAY 并恋爱多年,今年春天刘爱梅带 MAY 回家乡探亲。MAY 起初不理解并且抗拒去农村,之后通过与村民的接触感受到双灵村的美好,品尝到九曲红梅的茶香,慢慢适应与了解这座充满故事和茶香韵味的新农村,爱上这里的人、茶与生活,决定留下来定居并研究与推广九曲红梅。九曲红梅原产于西湖区双浦镇湖埠地区,在 2009 年其制作技艺被列入浙江省非物质文化遗产名录。影片的放映大大增加了人们对九曲红梅这一传统工艺的了解,是对九曲红梅的极好宣传。

所以,整合影视资源,大力推出非遗影片,是当前保护和宣传非遗的一个重要举措。

四、拍摄戏曲电影和电视剧等

戏曲电影是一种特殊的电影,它的长处是保留了民间戏剧音乐的元素,使电影更接近于非遗项目的原始生存状态。众所周知,"白蛇传传说"和"梁祝传说"等非遗项目都曾以戏曲电影的形式被搬上银幕和荧屏,其中担任主角的都是著名的戏曲演员。戏曲电影曾经是强势影视手段,1981 年戏曲电影《白蛇传》上映时,总观众竟达到 7 亿人次之多。然而时至今日,由于传承人的日渐稀少和受众欣赏口味的改变,戏曲电影呈萎缩状态。故而,我们要让杭州地区的民间文学类、曲艺类、传统戏剧类非遗项目,在有选择地整理、改编后,努力再次通过戏曲电影的形式走向大众。

对于非遗名录中"民间文学"这一大类,由于其故事性强,再创作的空间大,特别适合于多集电视剧来表现。杭州地区的"民间文学"类非遗如"白蛇传传说"(第一批国家级非遗)、"梁祝传说"(第一批国家级非遗),"杨乃武与小白菜传说"(第二批浙江省级非遗)至今仍以电视剧的形式被后世反复演绎,在我国已是家喻户晓。那么,对于本地区其他一些"民间文学"类非遗,如"西湖传说"(第二批浙江省级非遗)等,如果能继续利用电视剧的形式加以表现,一定能增强保护和传承的效果。

值得一提的是,1993 年,台湾导演夏祖辉执导的电视剧《新白娘子传奇》中,采用了大量的剧情性黄梅调唱段。这些插曲音律优美,兼具古典音乐、戏剧与现代流行音乐的某些优点,故有"新黄梅调"之称,受到普遍的欢迎。可以说,这是戏曲电影和电视剧成功的融合,值得推广和应用。

可喜的是,除了电视剧以外,用其他电视形式表现非遗的探索也已开始。例如,目前杭州电视台西湖明珠频道节目《阿六头说新闻》,每档节目片尾改播"小热昏"(杭州地区的第一批曲艺类国家级非遗)的唱段,这正是对非遗的"活态"保护和利用,是为拯救地方曲种、剧种所做的有益工作和积极贡献。

浙江省是一个文化大省,杭州是一个闻名古都,有着十分丰富的非物质文化遗产。如何保护和传承这些遗产,将是一项任重而道远的工作。影视资源无疑是保护传承非遗的一项行之有效的手段。不过,无论如何,影视资源怎么说都只是技术手段。影视再发达,如果没有民众的保护和传承意识,都无济于事。拿什么拯救我们的无形文化遗产? 归根到底,最重要的还是唤醒广大民众的文化自觉。

参 考 书 目

陈威.公共文化服务体系研究.深圳:深圳报业集团出版社,2006.

戴珩.公共文化服务体系120问.南京:南京师范大学出版社,2011.

陈鸣.西方文化管理概论.太原:书海出版社/山西人民出版社,2006.

曹爱军,杨平.公共文化服务的理论与实践.北京:科学出版社,2011.

杭州蓝皮书编委会.杭州蓝皮书2010年·文化卷.杭州:杭州出版社,2010.

陈源蒸,等.中国图书馆百年纪事(1840—2000).北京:北京图书馆出版社,2004.

王全吉,周航.浙江公共文化服务创新研究.杭州:浙江大学出版社,2013.

陈瑶.公共文化服务:制度与模式.杭州:浙江大学出版社,2012.

李景源,陈威.中国公共文化服务发展报告(2007).北京:社会科学文献出版社,2007.

李景源,陈威.中国公共文化服务发展报告(2009).北京:社会科学文献出版社,2009.

于群,李国新.2012年中国公共文化服务发展报告.北京:社会科学文献出版社,2013.

谢逊.2013年中国公共文化服务发展报告.北京:商务印书馆,2014.

戴言.制度建设与浙江公共文化服务.杭州:浙江大学出版社,2013.

张卫中.浙江省公共文化服务发展蓝皮书2012.杭州:浙江大学出版社,2012.

巫志南.社区公共文化服务.北京:北京师范大学出版社,2012.

唐濛,龙长征.浙江城市社区文化建设研究.杭州:浙江大学出版社,2013.

张彦博,刘惠平,刘刚,等.文化共享工程建设与服务.北京:北京师范大学出版社,2013.

冯守仁,鲍和平,等.群众文化基础知识.北京:北京师范大学出版社,2013.

北京文化艺术活动中心.群众文化研究选读.北京:北京师范大学出版社,2013.

路斌,杜染.群众文化案例选编.北京:北京师范大学出版社,2013.

马时雍.杭州的博物馆.杭州:杭州出版社,2008.

桂迎.青春与戏剧同行——黑白剧社重建二十年纪.北京:中国戏剧出版社,2007.

胡惠林.文化政策学.上海:上海交通大学出版社,1999.

胡筝.文化事业管理概论.北京:中国统计出版社,2010.

张彦博.公共文化服务的创新与跨越——全国文化信息资源共享工程建设研究论文集.北京:国家图书馆出版社,2010.

袁德.社区文化论.北京:中国社会出版社,2010.

孙萍.文化管理学.北京：中国人民大学出版社,2006.

桂迎.校园戏剧.杭州：浙江大学出版社,2005.

郑永富.群众文化学.北京：中国国际广播出版社,1993.

徐龙华.非物质文化遗产与民俗.杭州：杭州出版社,2011.

牟延林,谭宏,刘壮.非物质文化遗产概论.北京：北京师范大学出版社,2010.

张仲谋.非物质文化遗产传承研究.北京：文化艺术出版社,2010.

王淼.流芳：浙江非物质文化遗产笔记.北京：红旗出版社,2012.

王淼.风生水起：浙江省非物质文化遗产保护的生动实践.杭州：浙江大学出版社,2012.

何平.杭州市非物质文化遗产大观.杭州：西泠印社出版社,2010.

［英］提姆·安鲁斯(Timothy Ambrose)著.桂雅文译.新博物馆管理：创办和管理博物馆的新视野.台北：五观艺术管理有限公司,2001.

［美］珍妮特·马斯汀(Janet Marstine)编著.钱春霞译.新博物馆理论与实践导论.南京：江苏美术出版社,2008.

褚树青,粟慧.杭州图书馆服务品牌建设实践.北京：国家图书馆出版社,2014.

陈宏.径山民间传说.杭州：杭州出版社,2008.

张莉,马良.杭州市群众文化研究文集(2011—2013).北京：中国文联出版社,2013.

向云驹.人类口头和非物质遗产.银川：宁夏人民教育出版社,2004.

中国艺术研究院中国民族民间文化保护工程国家中心.中国民族民间文化保护工程普查工作手册.北京：文化艺术出版社,2005.

［美］爱德华·赫尔曼,罗伯特·麦克切斯尼著.甄春亮译.全球媒体—全球资本主义的新传教士.天津：天津人民出版社,2001.

索　引

后　记

　　在写作此书的过程中,我们参观了杭州的许多图书馆、博物馆及非物质文化遗产的展示场馆,走访了许多从事公共文化事业的专职或业余工作者,参与了一些群众文化团体的活动,既完成了课题,又得到了许多文化享受,提高了自己。

　　在此要感谢所有曾热情地接待和帮助过我们的人,特别是:萧山图书馆的孙勤、朱军华;大运河博物馆的周新华;余杭径山镇的陈宏;浙江大学黑白剧社的桂迎;中国财税博物馆的汪炜;拱墅区文化局的黄玲、林守俊;上城区文化馆的黄宝森、陈建荣;下城区文化馆的陈雨云;浙江传媒学院的王挺、郭希;还有杭州市文化局和浙江省文化厅的相关工作人员;等等。如果没有你们的指导和帮助,我们肯定还在艰难的摸索之中。还要特别感谢市文化局的叶勤老师提供了许多相关图片资料,为拙作增色不少。

作　者

图书在版编目(CIP)数据

　　抱一分殊：杭州公共文化的协奏 / 罗群等著. —杭
州：浙江大学出版社，2015.9
　　ISBN 978-7-308-14330-1

　　Ⅰ.①抱… Ⅱ.①罗… Ⅲ.①公共管理—文化工作—
研究—杭州市 Ⅳ.①G127.551

　　中国版本图书馆 CIP 数据核字（2015）第 007529 号

抱一分殊：杭州公共文化的协奏

罗　群　陈一平　著

责任编辑	曾建林　姚燕鸣	
出版发行	浙江大学出版社	
	（杭州市天目山路 148 号　邮政编码 310007）	
	（网址：http://www.zjupress.com）	
排　　版	杭州林智广告有限公司	
印　　刷	杭州日报报业集团盛元印务有限公司	
开　　本	710mm×1000mm　1/16	
印　　张	9.25	
字　　数	166 千	
版 印 次	2015 年 9 月第 1 版　2015 年 9 月第 1 次印刷	
书　　号	ISBN 978-7-308-14330-1	
定　　价	27.00 元	

浙江大学出版社发行部邮购电话：(0571) 88925591；http://zjdxcbs.tmall.com